Mon cahier de Français

pour lire, écrire et parler

Nouvelle édition 2021

CYCLE 4

4e

Sous la direction de Florence Randanne
Agrégée de Lettres classiques

Emmanuel Broc
Agrégé de Lettres modernes

Gaëlle Brodhag
Agrégée de Lettres classiques

Pauline Durand-Aliker
Certifiée de Lettres modernes

Patricia Fize
Agrégée de Lettres modernes

Delphine Rouault
Agrégée de Lettres modernes

Elvire Sergheraert
Agrégée de Lettres classiques

Nom : ....

Prénom : ....

Classe : ....

Année : ....

Ce cahier est conforme à la nouvelle terminologie grammaticale de juin 2020.

Belin ÉDUCATION

Sommaire

J'ai validé les compétences du socle 4

Connaître et utiliser les mots

1 La nature des mots 6
2 Les déterminants 8
3 Les pronoms 10
4 Les adverbes 12
ÉVALUATION 14

Analyser et construire des phrases

5 Les expansions du nom et l'apposition 16
6 Les compléments du verbe non supprimables 18
7 Les compléments circonstanciels : manière, moyen et but 20
8 Les compléments circonstanciels : cause et conséquence 22
9 L'expression de la condition 24
10 L'expression de la comparaison 26
11 Les degrés de signification de l'adjectif qualificatif 28
12 Les types et formes de phrases 30
13 Phrase simple et phrase complexe 32
14 Les propositions subordonnées conjonctives et relatives 34
15 Les propositions subordonnées circonstancielles 36
16 Les propositions subordonnées interrogatives indirectes 38
ÉVALUATION 40

Maîtriser et employer les temps verbaux

17 Le présent de l'indicatif 42
18 L'impératif présent 46
19 Le futur de l'indicatif 48
20 Le conditionnel présent 50
21 Le subjonctif présent 52
22 Le passé simple de l'indicatif 54
23 L'imparfait de l'indicatif 56
24 Employer le passé simple et l'imparfait 58
25 Les temps composés 60
26 Actif et passif 62
27 Les verbes pronominaux 64
ÉVALUATION 66

Analyser et produire un discours

28 Les registres de langue ... 68
29 La situation d'énonciation ... 70
30 Les paroles rapportées : le discours direct ... 72
31 Les paroles rapportées : le discours indirect ... 74
32 Les connecteurs logiques ... 76
33 Les figures de style ... 78
ÉVALUATION ... 80

Maîtriser l'orthographe

34 Les accords dans le groupe nominal ... 82
35 L'accord du verbe avec son sujet ... 84
36 L'accord du participe passé ... 86
37 Les homophones *quand, quant, qu'en* ... 88
38 Les homophones *c'en, sans, s'en, sens, sent* ... 89
39 Les homophones *on, on n'* ... 90
ÉVALUATION ... 91

Enrichir son vocabulaire

40 La formation des mots ... 92
41 Synonymes et antonymes, homonymes et paronymes ... 96
42 Champ lexical et champ sémantique ... 98
43 Exprimer son opinion ... 100
44 Exprimer ses sentiments ... 102
45 La ville ... 104
46 Individu et société ... 106
47 Le fantastique et le mystère ... 108
ÉVALUATION ... 110

Acquérir de la méthode

48 Lire et analyser un texte ... 112
49 Donner un cadre au récit ... 114
50 Décrire un personnage ... 116
51 Rédiger une nouvelle fantastique ... 118
52 Écrire la suite d'une nouvelle ... 120
53 Rédiger un dialogue argumentatif ... 122
54 Améliorer son brouillon ... 124
55 Rédiger un article de presse ... 126

J'ai validé les compétences du socle

Programme du cycle 4	Mise en œuvre dans le cahier
Expression orale	
• S'exprimer de façon maitrisée en s'adressant à un auditoire.	**28.** Les registres de langue, p. 68 ; **29.** La situation d'énonciation, p. 70.
• Raconter une histoire.	**47.** Le fantastique et le mystère, p. 108.
• Partager un point de vue personnel, des sentiments, des connaissances.	**32.** Les connecteurs logiques, p. 76 ; **43.** Exprimer son opinion, p. 100 ; **44.** Exprimer des sentiments, p. 102.
• Exprimer ses sensations, ses sentiments, formuler un avis personnel.	**28.** Les registres de langue, p. 68 ; **29.** La situation d'énonciation, p. 70 ; **32.** Les connecteurs logiques, p. 76 ; **43.** Exprimer son opinion, p. 100.
• Percevoir et exploiter les ressources expressives et créatives de la parole.	**28.** Les registres de langue, p. 68 ; Les exercices oraux de la rubrique « Je lis et je m'exprime ».
Expression écrite	
Utiliser l'écrit pour penser et apprendre	
• Réalisation d'écrits préparatoires.	**54.** Améliorer son brouillon, p. 124.
• Prise de notes à partir de différents supports.	**43.** Exprimer son opinion, p. 100.
Adopter des stratégies et des procédures d'écriture efficaces	
• Prise en compte du destinataire, des visées du texte et des caractéristiques de son genre et du support d'écriture.	**28.** Les registres de langue, p. 68 ; **51.** Rédiger une nouvelle fantastique, p. 118 ; **52.** Écrire la suite d'une nouvelle, p. 120 ; **53.** Rédiger un dialogue argumentatif, p. 122 ; **55.** Rédiger un article de presse, p. 126.
• Vérification et amélioration de la qualité du texte.	**54.** Améliorer son brouillon, p. 124.
• Pratiquer l'écriture d'imagination.	**44.** Exprimer des sentiments, p. 102 ; **45.** La ville, p. 104 ; **46.** Individu et société, p. 106 ; **47.** Le fantastique et le mystère, p. 108 ; **49.** Donner un cadre au récit, p. 114 ; **51.** Rédiger une nouvelle fantastique, p. 118 ; **52.** Écrire la suite d'une nouvelle, p. 120 ; **53.** Rédiger un dialogue argumentatif, p. 122 ; **55.** Rédiger un article de presse, p. 126. Les exercices de la rubrique « À vos plumes ! ».
• Passer du recours intuitif à l'argumentation à un usage plus maitrisé.	**7.** Les compléments circonstanciels : manière, moyen et but, p. 20 ; **8.** Les compléments circonstanciels : cause et conséquence, p. 22 ; **9.** L'expression de la condition, p. 24 ; **15.** Les propositions subordonnées circonstancielles, p. 36 ; **32.** Les connecteurs logiques, p. 76 ; **53.** Rédiger un dialogue argumentatif, p. 122.
Lecture	
• Reconnaitre les implicites d'un texte.	**29.** La situation d'énonciation, p. 70 ; **48.** Lire et analyser un texte, p. 112.
• Recourir à des stratégies de lecture diverses.	Les exercices de la rubrique « Je lis et je m'exprime ».
Élaborer une interprétation de textes littéraires	
• Formuler des impressions de lecture.	**48.** Lire et analyser un texte, p. 112 ; Tous les exercices de la rubrique « Je lis et je m'exprime ».
• Situer une œuvre dans son contexte.	**48.** Lire et analyser un texte, p. 112.
• Procédés stylistiques.	**33.** Les figures de style, p. 78.
Étude de la langue	
Fonctionnement de la phrase simple	
• Distinction phrase non verbale / phrase simple / phrase complexe.	**12.** Les types et formes de phrases, p. 30 ; **14.** Phrase simple et phrase complexe, p. 34.
• Analyse des constituants de la phrase simple obligatoires et facultatifs.	**5.** Les expansions du nom et l'apposition, p. 16 ; **6.** Les compléments du verbe non supprimables, p. 18 ; **7.** Les compléments circonstanciels : manière, moyen et but, p. 20 ; **8.** Les compléments circonstanciels : cause et conséquence, p. 22 ; **10.** L'expression de la comparaison, p. 26.
• Identification des classes de mots et mise en évidence de leurs propriétés.	**1.** La nature des mots, p. 6 ; **2.** Les déterminants, p. 8 ; **3.** Les pronoms, p. 10 ; **4.** Les adverbes, p. 12 ; **32.** Les connecteurs logiques, p. 76.
• Approfondissement des propriétés des notions grammaticales nécessaires à la correction orthographique.	**36.** L'accord du participe passé, p. 86.
• Identification des types et des formes de phrase.	**12.** Les types et formes de phrases, p. 30.
• Notion de construction détachée (ou apposition).	**5.** Les expansions du nom et l'apposition, p. 16.
Fonctionnement de la phrase complexe	
• Distinction phrase non verbale / phrase simple / phrase complexe.	**12.** Les types et formes de phrases, p. 30 ; **14.** Phrase simple et phrase complexe, p. 34.
• Analyse des constituants de la phrase simple obligatoires et facultatifs.	**5.** Les expansions du nom et l'apposition, p. 16 ; **6.** Les compléments du verbe non supprimables, p. 18 ; **7.** Les compléments circonstanciels : manière, moyen et but, p. 20 ; **8.** Les compléments circonstanciels : cause et conséquence, p. 22 ; **10.** L'expression de la comparaison, p. 26.
• Identification des classes de mots et mise en évidence de leurs propriétés.	**1.** La nature des mots, p. 6 ; **2.** Les déterminants, p. 8 ; **3.** Les pronoms, p. 10 ; **4.** Les adverbes, p. 12 ; **32.** Les connecteurs logiques, p. 76.
• Approfondissement des propriétés des notions grammaticales nécessaires à la correction orthographique.	**36.** L'accord du participe passé, p. 86.
• Identification des types et des formes de phrase.	**12.** Les types et formes de phrases, p. 30.
• Notion de construction détachée (ou apposition).	**5.** Les expansions du nom et l'apposition, p. 16.
Fonctionnement de la phrase complexe	
• Identification des constituants de la phrase complexe (par analogie avec les constituants de la phrase simple).	**14.** Phrase simple et phrase complexe, p. 34 ; **15.** Les propositions subordonnées circonstancielles, p. 36 ; **16.** Les propositions subordonnées interrogatives indirectes, p. 38 ; **31.** Les paroles rapportées : le discours indirect, p. 74 ; **32.** Les connecteurs logiques, p. 76.

• Notions de juxtaposition, coordination, subordination.	**14.** Phrase simple et phrase complexe, p. 34 ; **15.** Les propositions subordonnées circonstancielles, p. 36 ; **16.** Les propositions subordonnées interrogatives indirectes, p. 38 ; **32.** Les connecteurs logiques, p. 76.
• Identification de la proposition subordonnée indirecte.	**16.** Les propositions subordonnées interrogatives indirectes, p 38.
• Distinction du pronom relatif et de la conjonction de subordination.	**14.** Les propositions subordonnées conjonctives et relatives, p 34.
• Compréhension de la fonction grammaticale de certaines subordonnées.	**7.** Les compléments circonstanciels manière, moyen, but, p 20 ; **8.** Les compléments circonstanciels cause et conséquence, p 22 ; **9.** L'expression de la condition, p 24 ; **10.** L'expression de la comparaison, p 26 ; **14.** Les propositions subordonnées conjonctives et relatives, p 34 ; **15.** Les propositions subordonnées circonstancielles, p 36 ; **16.** Les propositions subordonnées interrogatives, p 38.
Rôle de la ponctuation	
• Analyse du rôle syntaxique des signes de ponctuation et utilisation de ces signes à bon escient.	**12.** Les types et formes de phrases, p. 30.
Connaitre les différences entre l'oral et l'écrit	
• Aspects syntaxiques.	Toutes les fiches « Analyser et construire des phrases », p. 16 à 38 ; **28.** Les registres de langue, p. 68 ; **29.** La situation d'énonciation, p. 70.
• Formes orales et formes graphiques.	**37.** Les homophones *quand, quant, qu'en*, p. 88 ; **38.** Les homophones *c'en, sans, s'en, sens, sent*, p. 89 ; **39.** Les homophones *on, on n'*, p. 90 ; **41.** Synonymes et antonymes, homonymes et paronymes, p. 96.
Connaitre le fonctionnement des chaines d'accord	
• Accord dans le groupe nominal complexe.	**34.** Les accords dans le groupe nominal, p. 82.
• Accord du participe passé avec *être* et avec *avoir*.	**36.** L'accord du participe passé, p. 86.
• Accord de l'adjectif et du participe passé en position détachée.	**36.** L'accord du participe passé, p. 86.
• Accord du verbe dans les cas complexes.	**35.** L'accord du verbe avec son sujet, p. 84.
Savoir relire un texte écrit	
• Savoir vérifier les marques dans les chaines d'accord.	**54.** Améliorer son brouillon, p. 124.
Maitriser le fonctionnement du verbe et son orthographe	
• Identification des verbes à construction directe et à construction indirecte.	**6.** Les compléments du verbe non supprimables, p. 18.
• Identification des verbes pronominaux.	**27.** Les verbes pronominaux, p. 64.
Maitrise de la morphologie verbale écrite	
• Identification des principaux temps et modes.	Toutes les fiches « Maîtriser et employer les temps verbaux », p. 42 à 64.
• Formation des temps simples.	**17.** Le présent de l'indicatif, p. 42 ; **18.** L'impératif présent, p. 46 ; **19.** Le futur de l'indicatif, p. 48 ; **20.** Le conditionnel présent, p. 50 ; **21.** Le subjonctif présent, p. 52 ; **22.** Le passé simple de l'indicatif, p. 54 ; **23.** L'imparfait de l'indicatif, p. 56 ; **27.** Les verbes pronominaux, p. 64.
• Construction des temps composés.	**25.** Les temps composés, p. 60 ; **26.** Actif et passif, p. 62 ; **27.** Les verbes pronominaux, p. 64.
• Construction du passif.	**26.** Actif et passif, p. 62.
• Mise en évidence du lien entre le temps employé et le sens (valeur aspectuelle).	**9.** L'expression de la condition, p. 24 ; **17.** Le présent de l'indicatif, p. 42 ; **18.** L'impératif présent, p. 46 ; **19.** Le futur de l'indicatif, p. 48 ; **20.** Le conditionnel présent, p. 50 ; **21.** Le subjonctif présent, p. 52 ; **24.** Employer le passé simple et l'imparfait, p. 58 ; **25.** Les temps composés, p. 60.
Maitriser la structure, le sens et l'orthographe des mots	
• Observations morphologiques : dérivation et composition, étymologie et néologie, graphie des mots.	**40.** La formation des mots, p. 92.
• Mise en réseau de mots.	**42.** Champ lexical et champ sémantique, p. 98.
• Analyse du sens des mots : polysémie et synonymie, catégorisations.	**41.** Synonymes et antonymes, homonymes et paronymes, p. 96 ; **42.** Champ lexical et champ sémantique, p. 98.
L'analyse et la production des textes et des discours	
• Construire les notions permettant l'analyse et la production des textes et des discours.	**47.** Le fantastique et le mystère, p. 108 ; **48.** Lire et analyser un texte, p. 112 ; **51.** Rédiger une nouvelle fantastique, p. 118 ; **52.** Écrire la suite d'une nouvelle, p. 120.
Prise en compte des caractéristiques des textes lus ou à produire	
• Identification et interprétation des éléments de la situation d'énonciation.	**28.** Les registres de langue, p. 68 ; **29.** La situation d'énonciation, p. 70.
• Observation, reconnaissance et utilisation de paroles rapportées, directement ou indirectement.	**16.** Les propositions subordonnées interrogatives indirectes, p. 38 ; **30.** Les paroles rapportées : le discours direct, p. 72 ; **31.** Les paroles rapportées : le discours indirect, p. 74.
• Repérage et interprétation des marques de modalisation.	**43.** Exprimer son opinion, p. 100 ; **44.** Exprimer des sentiments, p. 102.
• Identification et utilisation des éléments linguistiques de cohésion textuelle.	**3.** Les pronoms, p. 10 ; **4.** Les adverbes, p. 12 ; **7.** Les compléments circonstanciels : manière, moyen et but, p. 20 ; **8.** Les compléments circonstanciels : cause et conséquence, p. 22 ; **41.** Synonymes et antonymes, homonymes et paronymes, p. 96 ; **42.** Champ lexical et champ sémantique, p. 98.
• Identification et utilisation des marques d'organisation du texte.	**32.** Les connecteurs logiques, p. 76 ; **48.** Lire et analyser un texte, p. 112 ; **50.** Décrire un personnage, p. 116 ; **51.** Rédiger une nouvelle fantastique, p. 118 ; **53.** Rédiger un dialogue argumentatif, p. 122 ; **54.** Améliorer son brouillon, p. 124 ; **55.** Rédiger un article de presse, p. 126.
• Reconnaissance des formes actives/passives.	**26.** Actif et passif, p. 62.
• Reconnaissance de la phrase impersonnelle.	**12.** Les types et formes de phrases, p. 30.

1 La nature des mots

Je retiens

La nature d'un mot est sa carte d'identité.

Mots variables (changent de forme)

Pronom	Déterminant	Nom	Verbe	Adjectif
Il remplace le nom : *je, celui, lui.*	Il introduit le nom : *un, ces, mon.*	Il sert à nommer : *lézard.*	Il se conjugue : *trouver, trouvons.*	Il précise le nom : *fabuleux.*

Mots invariables (ne changent jamais de forme)

Adverbe	Préposition	Conjonction	Interjection	Onomatopée
Il apporte une précision : *ici, souvent.*	Elle introduit des compléments : *à, de, par.*	• de subordination : *puisque, quand…* • de coordination : *mais, et…* Elle relie des mots ou des propositions.	Elle exprime un sentiment : *Oh !*	Elle traduit un bruit : *Paf !*

Je m'exerce

Comparons nos langues
En espagnol, ***je viens*** se dit ***vengo***. Quelle différence avec le français constatez-vous ?

1 Donnez la nature de chacun de ces termes.

quelques : .... • dring : .... • jolie : .... • dansera : .... • intensément : .... • le mien : .... • à : .... • bureau : .... • et : .... • oh : ....

2 Complétez les phrases avec l'un des deux mots proposés, en vous aidant de sa nature.

1. dur / durs — Ils jouaient les gros .... (*nom*), mais ils travaillaient .... (*adverbe*).
2. leur / leurs — .... (*déterminant*) incursions dans ce lieu maudit allaient .... (*pronom*) être fatales.
3. tout / tous — .... (*déterminant*) les journalistes sont mobilisés, ... (*pronom*) va très vite ces .... (*adverbe*) derniers jours.
4. on / ont — Comment, ils .... (*verbe*) échangé des lettres d'amour ? .... (*pronom*) ne l'aurait jamais cru.

3 Copiez les mots en gras dans le tableau et indiquez leur nature.

1. Cette histoire **m'**a **complètement** bouleversé l'esprit.
2. L'**appartement** était **tellement sombre** que je n'y distinguai rien d'abord.
3. Je m'**arrêtai**, saisi **par** cette odeur **moisie et** fade **des pièces** inhabitées.
4. Oh ! Qui peut les **comprendre**, à moins de **les** avoir ressenties, **ces épouvantables** et stupides terreurs.

Mots variables	Mots invariables
Déterminants : Cette, ...	**Adverbes** : Complètement, ...
....	....
....	....
....	....
....	....

Je lis et je m'exprime

À noter

Le mot ***tout*** peut avoir plusieurs natures. Devant un adjectif ou un adverbe, c'est un **adverbe invariable**. Devant un nom, c'est un **déterminant**. Sujet, COD ou COI, c'est un **pronom**.

4 **Avec votre voisin(e), inventez le plus grand nombre de phrases en respectant les indications de nature suivantes.**
1. Dét. + Adj. + Nom + Verbe + Prép. + Dét. + Nom. **2.** Interj. + Pronom + Verbe + Adv. **3.** Dét. + Nom + Adv. + Adj. + Verbe + Dét. + Nom + Adj. **4.** Prép. + Dét. + Nom + Dét. + Nom + Conj. + Dét + Nom + V. + Adj.

5 **Lisez ce texte et répondez aux questions.**

Un lion demande une fille en mariage.

[...] Le père donc **ouvertement**
N'osant renvoyer notre amant,
Lui dit : « Ma fille **est** délicate ;
Vos griffes **la** pourront blesser
Quand vous voudrez **la** caresser.
Permettez donc qu'à chaque patte
On vous **les** rogne ; et pour les **dents**,
Qu'on vous **les** lime en même temps [...]

Jean de La Fontaine, « Le Lion amoureux », *Fables*, 1668.

a. Donnez la nature des mots en gras. Quand il s'agit de pronoms, précisez quel groupe nominal ils remplacent.

....

....

....

....

b. Soulignez les déterminants.

c. Y a-t-il beaucoup de déterminants ? Pourquoi, à votre avis ?

....

....

6 **Dictée préparée. Lisez ce texte et répondez aux questions.**

Alors un grand homme **à** figure brûlée, à l'aspect grave, un de ces hommes qu'**on** sent avoir traversé de longs pays inconnus, au milieu de dangers incessants, et dont l'œil tranquille semble garder, **dans** sa profondeur, quelque chose des paysages étranges qu'il **a** vus ; un de ces hommes qu'on devine trempés dans le courage, parla pour la première fois.

Guy de Maupassant, *La Peur*, 1882.

a. Observez les mots du texte en gras et cochez la case qui convient en justifiant votre réponse.

Je sais que *à* est : ☐ un verbe ☐ une préposition ....
....

Je sais que *on* est : ☐ un pronom ☐ un verbe ....
....
....

Je sais que *dans* est : ☐ un nom ☐ une préposition ....
....

Je sais que *a* est : ☐ un verbe ☐ une préposition ....
....

b. Soulignez les mots invariables du texte.

c. Écrivez ce texte sous la dictée de votre professeur.

7 **À vos plumes !**

Sous la forme d'une fable en prose d'une dizaine de lignes, racontez l'aventure d'une grenouille unijambiste.
Votre texte devra comporter dans l'ordre les mots suivants : *certaine*, *mare*, *or*, *l'*, *est*, *dorénavant*, *tout*, *prés*. Vous indiquerez entre parenthèses la nature de chacun de ces mots dans votre texte. Pensez à donner un titre à votre fable.

Compétences validées

	☹	😐	☺
Mon texte est une fable.			
Les mots imposés sont présents, dans l'ordre demandé.			
J'ai bien identifié leur nature selon leur contexte.			

2 Les déterminants

Je retiens

Les **déterminants** précèdent un nom et s'accordent **en genre et en nombre** avec lui.
Les mots de cette nature se divisent en deux catégories : articles et autres déterminants.

Articles

- **Définis :** *le, la, les.* Ils introduisent un nom déjà connu ou déjà rencontré dans le texte.
- **Indéfinis :** *un, une, des, de.* Ils introduisent un nom qui n'est pas encore identifié dans le texte.
- **Partitifs :** *du, de la.* Ils introduisent un nom désignant des éléments qu'on ne peut pas compter.

Déterminants

- **Possessifs :** *mon, ta, ses, leur.*
- **Démonstratifs :** *ce, cet, cette, ces.*
- **Interrogatifs/exclamatifs :** *quel, quelle, quels, quelles.*
- **Numéraux :** *deux, trois.*
- **Indéfinis :** *certains, nul, tout.*

L'article défini peut se contracter avec *à* et *de* : *Je vais* ***au*** (*à* + *le*) *stade. C'est la fin* ***des*** (*de* + *les*) *rêves.*
Attention ! Il ne faut pas confondre l'article défini contracté *du* et l'article partitif *du*.

Je m'exerce

1 ★ **Soulignez les déterminants de ce texte, puis classez-les.**

Articles définis : ....
Articles indéfinis : ....
Déterminants possessifs : ....
Déterminants démonstratifs : ....
Déterminants indéfinis : ....

> Les enfants jouaient dans la cour. Soudain un petit garçon s'approcha du portail. Le petit avança vers ces enfants qui l'attiraient. Mes frères l'ignoraient, mais une fillette s'approcha et l'emmena jouer avec quelques autres.

2 ★★ **a. Entourez les déterminants possessifs et soulignez les déterminants démonstratifs.**
b. Réécrivez chaque phrase en mettant les noms en gras au pluriel. Faites les accords nécessaires.

1. Cet **homme** est victime de la publicité. → ....
2. Elle attirait tous les regards par son **collier**. → ....
3. Il a traversé cette **rivière** à la nage. → ....
4. Cet **enfant** a brisé son **jouet**. → ....

3 ★★ **a. À l'aide d'un dictionnaire, choisissez l'article indéfini qui convient devant chacun de ces mots.**

.... antidote • .... anicroche • .... anse • .... amalgame • .... appendice • .... interview • .... apostrophe • .... échappatoire • .... éclair • .... embarcadère • .... épithète • .... hémisphère

b. Complétez ces phrases avec des déterminants.

1. .... peste que cette gamine !
2. .... étudiant au premier rang est très attentif.
3. .... personnes gagneraient à se taire.
4. .... homme ne peut survivre ici.

Comparons nos langues

En allemand, les articles définis au singulier sont ***der, die, das***. Cherchez quel genre correspond à chacun de ces articles. Quelle différence avec le français remarquez-vous ?

Je lis et je m'exprime

4 **Masculin ou féminin ? Créez des phrases et identifiez les déterminants.**

En binômes, identifiez dans la liste ci-dessous les mots masculins et les mots féminins. Puis choisissez un mot et faites chacun(e) à votre tour une phrase qui le contiendra en utilisant un déterminant démonstratif. L'autre élève épellera le déterminant démonstratif. Ensuite, échangez les rôles.

obscurité • immeuble • accès • acte • action • indulgence • article • encombrement • horreur • idole

> **À noter**
> Devant une voyelle, à la place de *ce*, on emploie **cet, démonstratif masculin**. Il ne faut pas le confondre avec **cette, démonstratif féminin**.

5 **Lisez ce texte et répondez aux questions.**

Les Loisel ont perdu une rivière de diamants qu'on leur avait prêtée.

Et Loisel, vieilli de cinq ans, déclara :

« Il faut aviser à remplacer ce bijou. »

Ils prirent, le lendemain, la boîte qui l'avait renfermé, et se rendirent chez le joaillier, dont le nom se trouvait dedans. Il consulta ses livres :

« Ce n'est pas moi, madame, qui ai vendu cette rivière ; j'ai dû seulement fournir l'écrin. »

Guy de Maupassant, *La Parure*, 1884.

a. Soulignez les déterminants. Quelles catégories reconnaissez-vous ? ....

....

....

b. Justifiez l'emploi de l'article défini dans le groupe nominal *le joaillier*. ....

....

....

c. *Cette rivière* : la rivière est-elle sous les yeux du joailler ? Pourquoi emploie-t-il un déterminant démonstratif pour la désigner ?

....

....

6 **Dictée préparée. Lisez ce texte et répondez aux questions.**

Çà et là, on les apercevait au loin, indécises dans le crépuscule, les maisonnettes basques, très distantes les unes des autres, points blancs ou grisâtres, tantôt au fond de quelque gorge enténébrée, tantôt sur quelque contrefort des montagnes aux sommets perdus dans le ciel obscur ; presque négligeables, ces habitations humaines [...]

Pierre Loti, *Ramuntcho*, 1897.

a. Entourez les déterminants et soulignez les noms, adjectifs et participes passés avec lesquels ils s'accordent.

b. Quelle est la nature de *çà* et *là* ? Expliquez comment on peut les identifier. Avec quels homophones ne faut-il pas les confondre ?

....

....

....

c. Écrivez ce texte sous la dictée de votre professeur.

7 **À vos plumes !**

Décrivez une rue moderne, de manière poétique.

Poursuivez cette description en quelques vers libres. Soulignez les déterminants et employez des possessifs et des démonstratifs.

[...] J'ai vu ce matin une jolie rue dont j'ai oublié le nom
Neuve et propre du soleil elle était le clairon [...]

Guillaume Apollinaire, « Zone », *Alcools*, 1913.

Compétences validées

	☹	😐	☺
J'ai décrit une ville moderne.			
J'ai bien identifié les déterminants.			
J'ai bien orthographié possessifs et démonstratifs.			
J'ai respecté la forme du poème en vers libres, sans rimes.			

3 Les pronoms

Je retiens

- Les pronoms sont des mots remplaçant des groupes nominaux (GN), des adjectifs ou des propositions. Ils peuvent varier selon **le genre, le nombre, la personne, la place, le sens et la fonction**.
- Il existe **plusieurs catégories** de pronoms.

Pronoms

Personnels	**Possessifs**	**Démonstratifs**
Ils désignent des personnes ou remplacent un nom ou un GN : *je, ils, nous, y, le, te, se, leur.*	Ils remplacent un GN comportant un déterminant possessif : *le mien, la tienne, les leurs.*	Ils remplacent un GN comportant un déterminant démonstratif : *celui-là, celle, cela, ceux, ça.*
Indéfinis	**Relatifs**	**Interrogatifs**
Ils désignent des personnes ou des objets indéterminés : *personne, rien, chacun, certains.*	Ils introduisent des propositions subordonnées relatives : *qui, que, quoi, dont, où, lequel.*	Ils indiquent sur quoi porte une question : *qui, que, quoi, lequel, laquelle.*

Je m'exerce

1 ★ **Recopiez les pronoms de cette liste dans les cases qui conviennent. Certains pronoms peuvent aller dans deux cases.**

vous • celle • lequel • dont • tu • chacun • duquel • certains • qui • les siens • celui-ci • moi

Personnels	Démonstratifs	Interrogatifs
....	....	....
Possessifs	**Indéfinis**	**Relatifs**
....	....	....

2 ★★ **Remplacez les noms ou groupes nominaux en gras par des pronoms.**

1. George Dandin doit aller **au rendez-vous secret de son épouse et de son rival**.
→ ....

2. Calamity et Bill ont décidé **de se marier**. → ....

3. On aurait retrouvé des lettres de Jane ; dans **ces lettres**, elle exprime son amour maternel.
→ ....

4. Parle-lui **de tes soucis**, car il pourra certainement t'aider. → ....

3 ★★ **Remplacez les pronoms en gras par un groupe nominal ou une proposition.**

1. Ce sont **les leurs** : **ils** les ont égarées. → ....

2. Nous les leur distribuerons. → ....

3. Il est arrivé ce matin après **y** avoir passé la nuit. → ....
....

4 **Soulignez les pronoms indéfinis dans les phrases suivantes.**

1. À certaines périodes on se dit que tout va bien. Mais à d'autres que tout le monde perd la raison.

2. Quelqu'un peut-il me dire s'il comprend quelque chose ou rien à la question ?

3. Personne ne croira qu'une personne sensée puisse faire subir cela à autrui.

5 **Complétez les phrases avec les pronoms relatifs qui conviennent.**

1. La fenêtre .... je ne peux ouvrir donne sur le jardin !

2. J'aime marcher sur la falaise d'.................... la vue sur la mer est magnifique.

3. L'ami avec .... je suis allé en Grande-Bretagne a décidé d'y vivre.

4. Il ignore tout ce .... il est question.

5. C'est lui .... je t'ai parlé hier .... m'a tout raconté.

6. .... dort dîne !

7. Il y aura beaucoup de nos amis présents, parmi .... Adrien et Quentin.

Je lis et je m'exprime

6 **Lisez cette réplique de théâtre et répondez aux questions.**

George Dandin reproche à sa femme de trahir sa promesse de fidélité.

Angélique. – Moi ? **je ne vous l'ai point donnée de bon cœur, et vous me l'avez arrachée.** M'avez-vous avant le mariage demandé mon consentement, et si je voulais bien de vous ? Vous n'avez consulté pour cela que mon père et ma mère, ce sont eux proprement qui vous ont épousé, et c'est pourquoi vous ferez bien de vous plaindre toujours à eux des torts que l'on pourra vous faire.

Molière, *George Dandin*, 1668.

a. Soulignez tous les pronoms personnels.

b. En observant les pronoms, montrez que la phrase en gras est construite de façon symétrique. Relevez une opposition dans cette phrase. Que souligne-t-elle ?

....

....

....

....

c. Que reproche Angélique aux personnages désignés par le pronom *eux* ? Qu'est-ce qui rend ce reproche comique ?

....

....

7 **Réécriture. Soulignez les pronoms qui ont la fonction de sujet, puis réécrivez le texte en conjuguant les verbes entre parenthèses à l'imparfait.**

Lui et moi (*être*) comme deux frères. Les autres (*se moquer*) de notre duo. On nous (*regarder*) comme deux extraterrestres. C'est moi qui (*se battre*) contre ceux qui nous (*insulter*).

....

....

....

....

8 **À vos plumes !**

Voici le début d'un roman. Rédigez une suite qui permettra de savoir quelles personnes désignent les pronoms en gras.

Il arriva chez **nous** un dimanche de novembre 189... **Je** continue à dire « chez nous », bien que la maison ne nous appartienne plus.

Alain-Fournier, *Le Grand Meaulnes*, 1913.

Compétences validées	☹	😐	☺
J'ai respecté le genre, le nombre et le sens des pronoms en gras.			
J'ai précisé qui étaient les personnages.			
J'ai constitué la situation initiale d'un récit.			

4

Les adverbes

Je retiens

- Les adverbes sont des **mots invariables**. Ils ne sont pas suivis de compléments et on peut souvent les supprimer.
  *Il est **très** gentil. Elle est **très** gentille. Elle est gentille.*
- Ils dépendent d'un verbe, d'un adjectif ou d'une proposition dont ils modifient ou complètent le sens en exprimant une **circonstance** (temps, lieu, manière…), une **intensité ou quantité**, ou une **opinion**.
  *Je l'aime **sincèrement**.*
- Les **adverbes** sont soit issus du latin (*hier*, *très*, *ensemble…*), soit formés de mots composés (*plus* + *tôt* = *plutôt*), soit construits à partir d'**adjectifs**.
  - Pour former un adverbe à partir d'un adjectif, on ajoute à celui-ci le suffixe *-ment* : *vrai* → *vrai**ment***.
  - Si l'adjectif **se termine par une consonne**, on ajoute *-ment* **à son féminin** : *lent* → *lent**ement***.
  - Si l'adjectif **se termine par *-ant* ou *-ent***, on remplace ***-nt* par *-mment*** : *plaisant* → *plais**amment***.

Je m'exerce

1 Remplissez ce tableau en classant les adverbes suivants selon leur signification.

ainsi • autrement • longtemps • autour • combien • près • naguère • presque • ensemble • plus • puis • enfin • sitôt • dehors • où • mieux • là

Temps	Lieu	Manière	Quantité et intensité
....	....	....	....
....	....	....	....

2 Composez des adverbes à partir des adjectifs suivants.

1. fin → .... **2.** bête → .... **3.** ardent → ....
4. complaisant → .... **5.** tel → ....
6. prudent → .... **7.** précis → ....
8. passionné → .... **9.** confus → ....

À noter

Quand certains adjectifs (*confus, aveugle, précis…*) sont transformés en adverbes, on ajoute un **accent aigu sur le -e** précédant le suffixe *-ment* : *aveugle* → *aveuglément*.

3 Les locutions adverbiales sont des adverbes constitués de plusieurs mots. Complétez les phrases suivantes avec la locution adverbiale qui convient.

d'emblée • à tue-tête • bon gré mal gré • sans cesse • à tort et à travers

1. .... elle l'a trouvé sympathique. **2.** Ne lui confiez rien : il bavarde .... et raconte tout ce qu'il sait. **3.** ...., je m'étais résignée à cette vie quand tout changea, heureusement. **4.** Elle chante .... sans se soucier de casser les oreilles de son auditoire. **5.** On a beau répéter ce récit ...., ils ne veulent pas y croire !

4 Indiquez la nature des mots en gras : adverbe ou adjectif.

1. Ce que j'aime dans cette recette de mousse, c'est le goût du chocolat, **tout** (....................) particulièrement **fort** (....................) et qui sent si **bon** (....................).
2. La sorcière habitait là où la rue Mouffetard et la rue de l'Arbalète se croisent à angle **droit** (....................).
3. La recette a été **fort** (....................) utile pour préparer un **bon** (....................) dessert.
4. Lors du défilé, **tout** (....................) le régiment marche **droit** (....................) au rythme des trompettes.

5 Soulignez dans les phrases suivantes le ou les mots qui sont modifiés par les adverbes et indiquez entre parenthèses leur nature (adjectif, verbe, proposition, adverbe).

1. Le livre qui a obtenu le Prix des Collégiens est **très** intéressant. (........................).

2. Lorsque les juges l'ont interrogée, elle a parlé **naturellement** sans la moindre hésitation. (........................

3. **Naturellement**, elle a parlé sans laisser les autres s'exprimer. (..............................).

4. Le concert sera **hélas** annulé (..............................) ; les fans sont **fort** déçus (........................).

5. **Franchement**, j'attendais beaucoup de toi (..........................). Tu as fourni **bien** peu (....................) de travail.

6. Dans la bibliothèque du musée, les livres de contes attendaient **tristement** (....................) sur des étagères **très** poussiéreuses (......................).

7. Les trésors de la Couronne sont **précieusement** gardés (....................) à la Tour de Londres depuis 1303.

Je lis et je m'exprime

6 Interprétez ce texte de Mme de Sévigné.
Préparez la lecture en groupes pendant une quinzaine de minutes. Ensuite chaque groupe lance un défi à deux autres groupes, en indiquant le ton à adopter sous la forme d'un adverbe (*précieusement*, *amoureusement*...). Le groupe doit lire la lettre avec le ton indiqué.

Je m'en vais vous mander la chose la plus étonnante, la plus surprenante, la plus merveilleuse, la plus miraculeuse, la plus triomphante, la plus étourdissante, la plus inouïe, la plus singulière, la plus extraordinaire [...]

Mme de Sévigné, *Lettre à monsieur de Coulanges*, 15 décembre 1670.

7 Dictée préparée. Lisez ce texte et répondez aux questions.

Je m'avançai profondément dans la forêt, foulant impatiemment un sol gorgé d'eau. Le temps, dont je pensais disposer amplement, passait trop vite : évidemment, j'accélérai le rythme, mais pas trop bruyamment. Incessamment, je regardais à droite et à gauche.

a. Relevez les adverbes en *-ment* du texte, en indiquant l'adjectif à partir duquel ils ont été formés. Précisez la voyelle finale des adjectifs en *-ent* ou *-ant*.

....

....

....

....

b. Relevez les verbes, dites à quels temps ils sont conjugués et justifiez l'emploi de ces temps.

....

....

....

c. Écrivez ce texte sous la dictée de votre professeur.

8 À vos plumes !

Vous explorez une ville des temps anciens, à présent en ruines. Décrivez-la dans un texte à l'imparfait.
Vous utiliserez au moins cinq adverbes qui contribueront à la description des lieux, et cinq autres pour partager vos impressions sur cette ville. Vous soulignerez ces adverbes.
Vous pourrez commencer par la phrase suivante :
« Naguère cette ville avait été puissante... »

Compétences validées	☹	😐	☺
J'ai imaginé une ville ancienne.			
J'ai employé l'imparfait et le plus-que-parfait.			
J'ai respecté le nombre et le sens des adverbes utilisés.			
J'ai exprimé les impressions ressenties en la parcourant.			

ÉVALUATION

Je fais le point sur mes connaissances

1 Remplissez chacune des cases des tableaux ci-dessous avec un mot du texte.

> Cette histoire n'est pas fantastique, elle n'est que romanesque. Faut-il en conclure qu'elle ne soit pas vraie, étant donné son invraisemblance ?
>
> Jules Verne, *Le Château des Carpathes*, 1882.

Déterminant	Nom	Verbe
....	....	....

Pronom	Adjectif	Conjonction
....	....	....

.... /3

2 Reliez ces déterminants à leur catégorie.

les •
quelle •
ces •
ses •
cette •
votre •

• article défini
• déterminant démonstratif
• déterminant possessif
• déterminant interrogatif

.... /3

3 Inventez une phrase contenant :

1. un article partitif : ....
2. **un article indéfini :** ....
3. **un déterminant indéfini :** ....
4. **un déterminant démonstratif :** ....

.... /2

4 Réécrivez cette phrase en mettant toutes les marques de personne à la 3e personne du singulier.

> Je vous ai dit tout l'amour que j'avais pour votre personne : vous ne m'avez pas cru. Vous ne ferez pas mon bonheur et je ne ferai pas le vôtre.

Il lui a dit tout l'amour qu'il ....

.... /3

5 Donnez la nature des mots en gras.

1. Il est **tout** content d'avoir réussi : **tous** l'aiment bien. ....
2. **Leur** père **leur** dit qu'ils doivent travailler. ....
3. On disait **des** Romains qu'ils voulaient « **du** pain et des jeux ». ....

.... /3

6 Formez des adverbes à partir des adjectifs suivants.

- Décent : ....
- Courant : ....
- Joli : ....
- Définitif : ....
- Différent : ....
- Solitaire : ....

.... /3

7 Complétez ces phrases avec les mots de la liste qui conviennent.

ces | ses | cette | cet

1. As-tu vu .... arbre, là-bas ? **2.** Ce sont .... affaires, à lui ! **3.** Je ne connais pas .... femme. **4.** Je suis surprise par .... phénomènes-là. **5.** .... fois-ci, j'y suis arrivé. **6.** Il ne faut pas croire les discours du fou, ni écouter .... histoires.

.... /3

Total .... /20

Comptez vos points

Comptez 0,5 point par bonne réponse.

Vous avez 15 à 20 points : Bravo ! Ces notions n'ont plus de secrets pour vous !

Vous avez 11 à 14 points : Vous y êtes presque ! Encore quelques efforts et vous deviendrez incollable.

Vous avez 8 à 10 points : Vous êtes sur la bonne voie ! Relisez les pages 6 à 13 puis recommencez les exercices.

Vous avez 0 à 7 points : Relisez les pages 6 à 13. Pour comprendre vos erreurs, discutez-en avec votre professeur.

Je fais le point sur mes compétences

8 Lisez le texte et répondez aux questions.

Pour aller au village, en descendant de mon moulin, on passe devant un *mas*[1] bâti près de la route au fond d'une grande cour plantée de micocouliers[2]. C'est la vraie maison du *ménager*[3] de Provence, avec ses tuiles rouges, sa large façade brune irrégulièrement percée, puis tout en haut la girouette du grenier, la poulie pour hisser les meules, et quelques touffes de foin brun qui dépassent…

Pourquoi cette maison m'avait-elle frappé ? Pourquoi ce portail fermé me serrait-il le cœur ? Je n'aurais pas pu le dire […]. Quand on passait, les chiens n'aboyaient pas, les pintades s'enfuyaient sans crier…

Alphonse Daudet, « L'Arlésienne », *Les Lettres de mon moulin*, 1869.

1. **Mas** : ferme. 2. **Micocouliers** : arbres d'ornement. 3. **Ménager** : habitant.

a. Relevez dans ce texte :
- un pronom personnel : ……………
- un déterminant indéfini : ……………
- un adverbe : ……………
- une préposition : ……………
- une conjonction de subordination : ……………
- un déterminant possessif : ……………
- un déterminant démonstratif : ……………
- un adjectif : ……………

b. Pourquoi les noms *girouette* et *poulie* sont-ils précédés d'un article défini ?

……………

……………

c. Qu'apporte au texte l'emploi de phrases interrogatives et négatives ?

……………

……………

9 Dictée préparée. Relisez attentivement le passage surligné en jaune et répondez aux questions, puis écrivez cet extrait sous la dictée de votre professeur.

a. Dans *C'est la vraie maison*, quelle difficulté pouvez-vous anticiper ? Par quel moyen allez-vous l'éviter ?

……………

……………

b. Quelle est la nature du mot *vraie* ? Comment expliquez-vous l'accord de ce mot ?

……………

c. Dans *tout en haut*, quelle est la nature du mot *tout* ? Est-ce un mot variable ou invariable ?

……………

d. *Qui* est un pronom relatif qui représente un nom (l'antécédent). Quel est ce nom ? En quoi cette information est-elle nécessaire pour la dictée ?

……………

……………

10 À vos plumes ! Rédigez un paragraphe qui poursuivra la description de la maison et dans lequel le narrateur fera une découverte inquiétante.

Vous utiliserez au moins cinq adverbes pour organiser la description dans l'espace. Vous devrez également employer cinq adjectifs qui marqueront l'inquiétude du narrateur. Vous soulignerez les adverbes en bleu et les adjectifs en rouge.

Compétences validées

	☹	😐	☺
Identifier la nature des mots et mettre en évidence leurs propriétés.			
Savoir utiliser les déterminants et les pronoms.			
Identifier et utiliser les éléments linguistiques de cohésion textuelle.			

5 Les expansions du nom et l'apposition

Je retiens

- Le nom peut être enrichi par des **expansions du nom**.

Expansions du nom

Groupe prépositionnel complément du nom	Adjectif et proposition subordonnée relative épithète
(GN ou infinitif précédé d'une préposition) : *une nuit **à faire rêver**.*	*une nuit **inquiétante** / **qui nous inquiète**.*

- Le nom peut être enrichi par une **apposition**, c'est-à-dire un adjectif ou un groupe nominal détachés du nom par des **virgules**. *Calmes ou agitées, nos nuits nous conduisent vers la lumière de l'aube.*

Je m'exerce

À noter

Une expansion du nom ou une apposition **peut également en contenir** d'autres : *nos nuits, douces parenthèses* → *douces parenthèses* = GN apposé à *nuits* ; *douces* = adjectif épithète de *parenthèses*.

1 **Encadrez les noms et relevez les expansions du nom ou appositions qui les enrichissent, en précisant leur fonction.**

1. Le terrible molosse surgit du chemin qui s'enfonçait dans la forêt.

....

....

2. La ville qui brillait de toutes ses lumières déployait ses larges avenues. ....

....

3. Chaude et bleue, la nuit lumineuse nous enveloppait de sa douceur. ....

....

2 **Remplacez les épithètes, les compléments du nom ou les appositions soulignés par une expansion d'une autre nature.**

Exemple : *La marée qui monte va bientôt recouvrir la magnifique plage.* → *La marée montante va bientôt recouvrir la plage qui est magnifique.*

1. Monsieur Pierre, l'auteur à succès, a annoncé qu'il allait écrire une brève autobiographie.

....

....

2. Les romans que nous devons lire pour le mois prochain ont été écrits par des écrivains contemporains.

....

3. Les fables apparemment destinées aux enfants et dont La Fontaine est l'auteur dispensent des enseignements ou des conseils qui sont encore d'actualité.

....

....

3 **Ajoutez une épithète ou un groupe prépositionnel au nom pour exprimer le sens demandé.**

1. Je vois le fleuve .... (*beauté*) couler vers la mer. **2.** De .... (*vitesse*) navires .... (*matière*) voguent vers l'ouest. **3.** Mon .... (*plaisir*) jardin embaume la rose .... (*saison*). **4.** L'homme .... (*âge*) avait un corps .... (*fragilité*). **5.** Il portait un pourpoint .... (*couleur*) et une chaîne .... (*matière*).

4 **Ajoutez à chaque nom une proposition subordonnée relative épithète commençant par les pronoms relatifs soulignés.**

1. La librairie que .... vient d'ouvrir un rayon de livres pour enfants. **2.** En arrivant au village où ...., il fut submergé par l'émotion. **3.** À la sortie du cinéma, ils mangèrent les gâteaux qu' .... **4.** Cette voix avec laquelle .... nous effraya. **5.** Le film dont .... et qui .... vient de sortir au cinéma.

Je lis et je m'exprime

5 **Créez le groupe nominal le plus long de la classe.**

Par groupes de cinq, choisissez un nom commun. Un(e) élève dira le nom à haute voix, puis lui ajoutera une expansion du nom ou une apposition. Le ou la deuxième élève reprendra le groupe nominal ainsi créé en faisant un nouvel ajout, et ainsi de suite.

Exemple : une pièce ➾ une pièce de théâtre ➾ une pièce de théâtre écrite par Shakespeare.

Comparons nos langues

Contes fantastiques se dit *fantastic tales* en anglais. La règle de l'accord de l'adjectif épithète est-elle la même en français et en anglais ?

6 **Lisez le texte et répondez aux questions.**

a. Encadrez les noms et soulignez leurs expansions.

b. Quelles images de l'enfant et de la vieille dame donnent les expansions du nom ? Ces images sont-elles proches ou s'opposent-elles ?

....

....

....

....

La petite vieille ratatinée se sentit toute réjouie en voyant ce joli enfant à qui chacun faisait fête, à qui tout le monde voulait plaire [...].

Et elle s'approcha de lui, voulant lui faire des risettes et des mines agréables.

Mais l'enfant épouvanté se débattait sous les caresses de la bonne femme décrépite, et remplissait la maison de ses glapissements.

Charles Baudelaire, « Le désespoir de la vieille » (extrait), *Le Spleen de Paris*, 1869.

7 **Réécriture.** **Réécrivez ce texte en ajoutant des expansions aux noms soulignés, afin de lui donner un caractère inquiétant.**

Alors j'ai grimpé depuis la rive jusqu'au point le plus haut de Sandy Cove ; de là, je pouvais voir la chute d'eau et toute la rivière coulant vers le nord. Il n'y avait personne en vue ; pas d'Addie. Alors, juste au-dessous de la cascade, j'ai vu un nénuphar qui flottait sur l'eau. Et puis je me suis rendu compte que ce n'était pas un nénuphar : c'était une main avec un diamant.

Truman Capote, *Cercueils sur mesure*, Gallimard, 1975.

....

....

....

....

....

....

....

8 **À vos plumes !**

Perdican, fou amoureux, n'arrive pas à décrire la jolie Camille. Aidez-le en enrichissant les phrases suivantes avec des expansions du nom et des appositions variées.

Cette fille a des cheveux, un nez, un menton... Elle se pare de bijoux... Ses yeux me troublent...

Compétences validées

	☹	😐	☺
J'ai employé des expansions du nom variées.			
J'ai employé plusieurs appositions.			
Je les ai exploitées pour exprimer la beauté de Camille.			

6 Les compléments du verbe non supprimables

Je retiens

Une phrase est généralement composée d'un sujet et d'un **groupe verbal**, formé par le **verbe et ses compléments et/ou les attributs**. Ces éléments du groupe verbal ne peuvent pas être supprimés. **Selon le type de verbe**, le groupe verbal contiendra des attributs ou des compléments différents :

Verbes d'état	Verbes transitifs	Verbes intransitifs	Certains verbes de mouvement / durée
↓	↓	↓	↓
Attributs du sujet. *Ils sont* ***inquiets****.* *(Ils = inquiets)*	**Compléments d'objet : COD, COI.** *Il hante* ***le manoir****.*	**Pas de complément.** *La chouette hulula.*	**Compléments de lieu / temps non supprimables.** *Je vais* ***au château****.*

Les **compléments d'objet direct (COD)** sont des compléments du verbe **sans préposition**. On peut souvent les remplacer par les pronoms ***le***, ***la*** ou ***les***. *Il hante* ***le manoir****. → Il* ***le*** *hante.*

Les **compléments d'objet indirect (COI)** sont **précédés d'une préposition** (*à*, *de*, *avec*). On peut souvent les remplacer par les pronoms ***lui***, ***y*** ou ***en***. *Il parle* ***à Clara****. → Il* ***lui*** *parle.*

Je m'exerce

1 ★ **Entourez le verbe dont dépendent les mots soulignés, puis encadrez le type de verbes qui convient.**

1. J'ai commandé chez le tailleur un veston. → verbe *d'état/transitif*
2. Ce vêtement est devenu un objet maléfique. → verbe *d'état/transitif*
3. La poche droite se remplit de billets de banque. → verbe *d'état/transitif*
4. Mais j'ai appris que cet argent était maudit. → verbe *d'état/transitif*
5. J'ai appris qu'il était d'origine criminelle. → verbe *d'état/transitif*
6. Pourtant, je n'arrive pas à résister à la tentation. → verbe *d'état/transitif*

Comparons nos langues

En allemand, *Lumpi ist* ***ein*** *Hund* signifie *Lumpi est un chien*, tandis que *Ich habe* ***einen*** *Hund* signifie *J'ai un chien*. Regardez le mot en gras : que remarquez-vous ?

2 ★ **Formez des phrases en associant les verbes aux compléments qui conviennent.**

Verbes : Nous mangeons • Je courrai • Il ressemble • Nous allons nous saisir • Nous irons • Il demande • Cela lui coûtera

Compléments : à un passant • à un acteur américain • le marathon • de cette question • à Paris • du poisson frais • la vie • le renseignement

....

....

....

3 ★★ **Soulignez les compléments du verbe et dites s'ils sont COD, COI ou attributs du COD.**

1. Il parle de ses amis, de ses amours. → ....
2. Cet homme original préfère la solitude à la foule. → ....
3. Je consens à cette invitation. → ....
4. Retrouveras-tu ton fiancé au retour de ton périple ? → ....
5. Je trouve sa déclaration très romantique. → ....

À noter

Certains verbes transitifs se construisent avec **un COD et un attribut du COD**. *Cela rend l'****atmosphère*** (COD) ***pesante*** (attribut du COD).

Je lis et je m'exprime

4 **Élaborez une liste d'exemples de compléments du verbe qui servira de référence à la classe.**

En binômes, choisissez trois verbes. Rédigez des phrases d'exemple où chaque verbe sera employé, quand cela est possible : 1. sans complément ; 2. suivi d'un attribut ; 3. suivi d'un COD et/ou d'un COI. Chaque binôme lit ensuite ses propositions à la classe. La classe et le professeur valident les emplois corrects, et un élève les note à l'ordinateur en les classant selon le type de complément ou d'attribut.

5 **Lisez le texte et répondez aux questions.**

La mer se creusa à nouveau, mais cette fois avec fureur. Les mouvements de l'eau semblaient traduire de l'irritation. Les vagues venaient de plusieurs côtés à la fois, obéissant à deux maîtres différents qui se faisaient la guerre, le vent et les courants. La pluie grêlait la surface des eaux de mille petites verrues. […] La mer avait décidé de redevenir opaque et brusque.

Laurent Gaudé, *Eldorado*, Actes Sud, 2006.

a. Relevez les compléments des verbes *traduire*, *obéir* et *grêler*, et dites s'ils sont COD ou COI.

....

....

....

b. Quelle est la fonction des adjectifs *opaque* et *brusque* ?

....

c. Par quel moyen l'auteur retranscrit-il la rapidité d'une tempête qui se lève ?

....

....

6 **Réécriture. a. Réécrivez ce texte en mettant tous les verbes au plus-que-parfait.**

Le commandant frémit. Les canots qu'il aperçut alors, remplis de passagers, dérivaient dans le noir. Il saisit ses jumelles et les porta à ses yeux, puis il appela ses hommes qui remontèrent sur la passerelle. Ces derniers lancèrent à l'eau des cordes dont les naufragés s'emparèrent dans un dernier effort.

b. Dans le texte que vous aurez écrit, soulignez les COD, puis vérifiez les accords du participe passé.

↘ L'accord du participe passé, p. 86.

....

....

....

....

....

....

....

....

7 **À vos plumes !**

Accompagné de votre ami(e), vous longez la côte sur un kayak de mer par une belle journée d'été.
Racontez votre promenade au passé simple et à l'imparfait et, pour évoquer le paysage, utilisez au moins cinq des verbes suivants : *apercevoir, découvrir, se dresser, déferler, étinceler, sembler, franchir, penser, sourire.*
Votre texte comportera trois COD, trois COI et trois attributs du sujet que vous soulignerez en indiquant leur fonction entre parenthèses.

Compétences validées

	☹	😐	☺
J'ai bien identifié les différentes fonctions.			
Mon récit est à l'imparfait et au passé simple.			
J'ai utilisé le champ lexical de la mer.			
Les verbes sont bien conjugués et accordés.			

7 Les compléments circonstanciels : manière, moyen et but

Je retiens

Pour préciser une phrase, on peut lui ajouter des **compléments circonstanciels (CC)**.

Les compléments circonstanciels sont en général **supprimables ou déplaçables** :
Dracula les invite pour les piéger. → *Pour les piéger, Dracula les invite.* → *Dracula les invite.*

On peut employer des compléments circonstanciels de **différentes natures**.

CC de manière (question « de quelle façon ? »)	**CC de moyen** (question « avec quoi ? »)	**CC de but** (question « pour quoi faire ? »)
• Adverbe : *aimablement* ; • Gérondif : *en souriant* ; • Groupe prépositionnel : *avec amabilité* ; • Groupe sans préposition : *le sourire aux lèvres*.	Groupe prépositionnel : *avec des mets rares*.	• Groupe prépositionnel : *pour attirer ses victimes* ; • Proposition subordonnée conjonctive : *afin qu'ils le suivent*.

Comparons nos langues

En anglais, ***pour*** se traduit par deux mots différents. Le premier est ***to***, qui s'utilise **devant un verbe à l'infinitif** (*pour les attirer* → *to attract them*). Quel est le second, qui s'emploie **devant un groupe nominal** ?

Je m'exerce

1 Soulignez les CC de manière en bleu et les CC de moyen en vert, et entourez les CC de but.

1. Pour que sa rencontre se passe au mieux, il s'était préparé avec le plus grand soin. **2.** Calmement, minutieusement, avec l'aide de ses horribles comparses, il avait préparé, pour effrayer ses invités, une réception qu'ils n'oublieraient jamais. **3.** Le cœur tourmenté, en endurant toutes ces douleurs pour gagner son amour, elle songeait avec appréhension qu'il l'ignorerait peut-être.

2 Dans ce texte, les CC de manière ont été soulignés. Identifiez leur nature.

Elle sut, avec la plus grande minutie, disposer toutes les photographies de la ville où elle était née. Elle les mit en place soigneusement, en maîtrisant son émotion, sur toute la surface de la table, afin de faire lentement resurgir une carte de sa vie passée.

....

....

....

....

3 Dans les phrases suivantes, soulignez et identifiez les CC, puis remplacez-les par d'autres CC de même sens, selon la nature indiquée.

1. Pour qu'il puisse cerner la personnalité de cette femme étrange, il lui aurait fallu un véritable talent de psychologue. (*groupe infinitif prépositionnel*) → ....

....

2. Elle danse avec grâce. (*adverbe*) → ....

3. Il promit d'enquêter très sérieusement. (*groupe prépositionnel*) → ....

....

4. Elle a réussi grâce à ses amis. (*groupe prépositionnel*) → ....

4 **Déplacez les compléments circonstanciels soulignés.**

1. Il s'approche de la maison, <u>silencieusement</u>, et <u>avec lenteur</u> <u>pour mieux les surprendre</u>.

....

2. <u>En versant tant de larmes</u>, elle espérait la toucher <u>pour qu'elle lui revienne</u>.

....

3. Songez que vous devrez lire ce texte, <u>afin que vous puissiez percevoir ses subtilités</u>, <u>avec la plus grande attention et l'esprit en éveil</u>. ....

....

Je lis et je m'exprime

5 **Lisez le texte et répondez aux questions.**

Les voyageurs d'une diligence sont affamés. Une femme offre du poulet en gelée à son voisin.

Il avait un journal qu'il étendit pour ne point tacher son pantalon, et sur la pointe d'un couteau toujours logé dans sa poche, il enleva une cuisse toute vernie de gelée, la dépeça des dents, puis la mâcha avec une satisfaction si évidente qu'il y eut dans la voiture un grand soupir de détresse.

Guy de Maupassant, *Boule de Suif*, 1880.

a. Réécrivez le texte en enlevant tous les CC de manière, moyen et but. ....

....

....

b. Selon vous, pourquoi l'auteur a-t-il choisi d'employer autant de compléments circonstanciels ?

....

....

....

....

6 **Ajoutez des CC de manière, moyen et but, selon l'indication. Variez les natures des mots.**

1. .... (*moyen*), elle l'inquiétait .... (*manière*) et l'effrayait .... (*but*). **2.** Il s'avança .... (*but*) et .... (*manière*) l'embrassa .... (*manière*).

3. Alors que j'inspectais .... (*manière*) les lieux du crime, j'aperçus des traces .... (*moyen*) et j'acquis des indices .... (*but*).

7 **Réécriture. Réécrivez ce texte en ajoutant au moins quatre CC de manière, de moyen ou de but que vous soulignerez. Vous veillerez à varier leurs natures.**

Le pauvre homme s'était blessé et les médecins tentaient de le soigner. On se demandait s'il s'en sortirait.

....

....

....

....

8 **À vos plumes !**

Racontez une scène de séduction en utilisant les compléments circonstanciels suivants.

avec un large sourire | pour le/la faire rire | calmement | en hésitant | afin d'attirer son attention

Compétences validées

	☹	😐	☺
J'ai exploité correctement les CC fournis.			
J'ai su créer une scène de séduction.			
J'ai employé des phrases bien construites.			

8 Les compléments circonstanciels : cause et conséquence

Je retiens

Cause et conséquence peuvent être exprimées par des compléments circonstanciels (CC) **de différentes natures**.

CC de cause (question « pourquoi ? »)	**CC de conséquence** (question « avec quel résultat ? »)
• Groupe nominal prépositionnel : ***De peur / par peur**, il n'a osé rien dire.* • Groupe infinitif prépositionnel : ***Pour avoir eu peur**, il n'a osé rien dire.* • Participe : ***Ayant pris peur**, il n'a plus rien dit.* • Gérondif : ***En prenant peur**, il n'a plus rien dit.* • Proposition subordonnée conjonctive : ***Parce qu'il a pris peur**, il n'a plus rien dit.*	• Groupe infinitif prépositionnel : *Il a eu peur **au point de se taire**.* Groupe nominal prépositionnel : *Il a pris peur **jusqu'au silence**.* • Proposition subordonnée conjonctive : *Il a eu peur, **si bien qu'il n'a plus rien dit**.*

Attention ! Les subordonnées exprimant la conséquence sont introduites par plusieurs mots (**locution conjonctive**), parfois séparés dans la phrase : *tellement/tant/si... que, un tel... que...*

N.B. : En 3e, vous étudierez une autre proposition subordonnée CC de cause, la participiale (***Cet homme lui ayant fait peur**, il n'osa plus rien dire*).

Je m'exerce

Comparons nos langues

En anglais, *parce que* se traduit par ***because***. Quel mot français reconnaissez-vous dans ce terme anglais ?

1 **a. Dans les phrases suivantes, soulignez les CC de cause en bleu et les CC de conséquence en vert.**

b. Entourez les mots qui vous ont permis de vous décider et classez-les dans le tableau ci-dessous.

1. À cause du spectacle de la tempête, nous sortîmes. **2.** Elle marchait vite, si bien qu'elle dut s'arrêter pour nous attendre. **3.** Pour avoir trop tourné dans la forêt, nous faillîmes nous perdre. **4.** Puisque la houle soulevait les vagues, la mer était écumeuse. **5.** La tempête était si impressionnante que je restais figé.

Prépositions	Conjonctions de subordination
....	....
....	....
....	....

2 **Ajoutez un CC à ces phrases, selon l'indication entre parenthèses.**

1. Il l'aimait .... (*groupe infinitif prépositionnel, conséquence*).

2. .... (*GN prépositionnel, cause*), elle l'abandonna.

3. .... (*gérondif, cause*), il l'effraya.

4. .... (*prop. sub. conjonctive, cause*), elle se trouva fort ennuyée.

5. Il est minuit, ... (*prop. sub. conjonctive, conséquence*).

6. .... (*groupe infinitif prépositionnel*), nous avons été emportés par les courants.

3 **Dans chaque phrase, transformez l'une des propositions juxtaposées en proposition subordonnée de cause ou de conséquence.**

1. Elles s'éloignaient dans la lumière du soleil, leurs ombres grandissaient. → ....

2. Il privilégiait l'honneur : il devait venger son père. → ....

3. Tout avait été dit, ils s'éloignèrent l'un de l'autre. → ....

Je lis et je m'exprime

4 **Top chrono ! Complétez ces phrases avec le CC demandé le plus vite possible et à voix haute.**

1. Lis ce roman… (*cause*). **2.** Elle lui plut tellement… (*conséquence*). **3.** Cette nuit est rassurante… (*cause*). **4.** Il fut condamné à vingt ans de prison… (*conséquence*).

5 **Lisez ce texte et répondez aux questions.**

> Cet homme m'intéressa tout de suite, et puisque les dieux de la mer avaient ordonné qu'il deviendrait bientôt mon camarade (bien qu'en qualité de comparse seulement en ce qui concerne cette histoire), je vais me permettre de le décrire ici. […] Sa figure était profondément brunie de hâle de sorte que, par contraste, ses dents éclataient de blancheur.
>
> Herman Melville, *Moby Dick* [1851], trad. de P. Jaworski, Gallimard, 2006.

a. Soulignez un groupe de mots exprimant la cause et encadrez un groupe de mots exprimant la conséquence.

b. Les relations de cause et de conséquence sont-elles implicites ou explicites ? Citez les mots qui vous ont permis de répondre.

....

À noter
La relation de cause ou de conséquence peut être **explicite**, signalée par un mot : *Je rougis* ***parce que*** *je le vis*. Elle est parfois **implicite**, sous-entendue : *Je le vis, je rougis.*

c. Pourquoi, à votre avis, le narrateur a-t-il fait ce choix ?

....

6 **Réécriture. Réécrivez ce texte en remplaçant les propositions subordonnées conjonctives par d'autres formes de CC de cause ou de conséquence.**

> Il fut si surpris par cette visite qu'il en oublia de fermer la porte. Comme l'étrange visiteur restait immobile – et non qu'il soit lâche –, il se sentit envahi par la peur. Il fut pris soudain d'une telle panique qu'il s'enfuit.

....

7 **À vos plumes !**

Écrivez un récit au passé qui évoque la passion, puis la déception d'un ou plusieurs personnages pour un lieu de vacances.
Vous justifierez ces sentiments par des causes et mentionnerez leurs conséquences.

Compétences validées

	☹	😐	☺
J'ai employé des CC de cause et de conséquence.			
J'ai fait varier leurs natures.			
J'ai employé le lexique des sentiments.			

9 L'expression de la condition

Je retiens

La condition peut être exprimée dans des compléments circonstanciels (CC) sous forme de **groupes prépositionnels** ou de **propositions subordonnées conjonctives.**

Si tu la rencontres (prop. sub. conjonctive), *dis-lui de venir. Ne pars pas sans autorisation* (GN prépositionnel).

Dans les **propositions introduites par *si***, le temps varie selon la condition exprimée.

Réel → **Condition qui s'est produite ou se produit.**
*Avant, le dimanche, si je **m'ennuyais**, je **lisais**. Si je **m'ennuie** ce soir, je **lirai**.*
même temps de l'indicatif — présent — futur

Potentiel → **Condition qui peut se produire.**
*S'il **rencontrait** l'amour, il **serait** heureux.*
imparfait — conditionnel présent

Irréel du présent → **Condition qui ne se produit pas.**
*Si je **m'ennuyais** maintenant, je **lirais**.*
imparfait — conditionnel présent

Irréel du passé → **Condition qui ne s'est pas produite.**
*Si je **m'étais ennuyé** hier soir, j'**aurais lu**.*
plus-que-parfait — conditionnel passé

Je m'exerce

Comparons nos langues

Le mot français ***si*** se traduit en **espagnol** par *si*, en **italien** par *se*. À votre avis, pourquoi ces trois mots se ressemblent-ils ?

1 ★ **Dans les phrases suivantes, soulignez les CC de condition.**

1. Si nous étions partis plus tôt, nous n'aurions pas raté le train. **2.** Elle veut bien reconnaître ses fautes sous réserve qu'il reconnaisse aussi les siennes. **3.** Il parviendra à résoudre cette énigme à condition de vérifier les alibis des suspects. **4.** Elle acceptera probablement son aide si elle peut lui accorder sa confiance.

2 ★★ **Indiquez la valeur des conditions dans les phrases suivantes, en cochant la case qui convient.**

1. Si les fées existaient, ça se saurait. **2.** Les romans policiers, si on les lit avec l'esprit aiguisé, sont parsemés d'indices éclairants. **3.** Si on ne l'avait pas fait taire, il aurait sans doute pu se défendre. **4.** Si on analyse ses symptômes, on comprend qu'il a perdu la raison. **5.** Si j'avais le temps, j'irais à la pêche. **6.** Nous nous serions acheté des glaces, si nous avions eu l'argent nécessaire.

La condition...	Phrase 1	Phrase 2	Phrase 3	Phrase 4	Phrase 5	Phrase 6
se produit (réel)						
ne se produit pas (irréel du présent)						
ne s'est pas produite (irréel du passé)						

3 ★★ **Conjuguez les verbes entre parenthèses au temps qui convient.**

1. Je t'attendrai si tu .... (*vouloir*). **2.** Je t'attendrais si tu .... (*vouloir*).
3. Si les médias vérifiaient mieux leurs sources, la presse en ligne ne .... (*contenir*) pas d'erreurs. **4.** Si tu avais été un bon enquêteur, tu .... (*résoudre*) l'énigme.

4 **Transformez des phrases pour exprimer la condition de différentes manières.**
Au signal du professeur, l'un(e) des élèves de la classe dit à voix haute une phrase contenant une proposition introduite par *si*. Puis un(e) autre élève remplace *si* par l'un des mots ci-dessous et opère les changements nécessaires. Un(e) troisième élève reformule la phrase avec un autre mot, et ainsi de suite. Employez tous les mots de cette liste.

à moins de/que | à condition de/que | pour peu que | pourvu que | à supposer que | avec | sans

Je lis et je m'exprime

5 **Lisez ce texte et répondez aux questions.**

Un meurtrier veut employer des puces pour inoculer la peste à ses victimes.

– Je suppose que, dans sa logique, il ne se sent pas tueur. S'il voulait tuer lui-même, il n'aurait pas besoin de faire intervenir toute cette histoire de peste. [...]

S'il s'agit de puces de chat, ou de chien, rien à craindre, dit Marc en allant et venant le long de la table. Elles sont incompétentes. Mais s'il s'agit de puces de rat, si le gars a vraiment infecté des puces de rat et qu'il les lâche dans la nature, bon sang, c'est la catastrophe.

Fred Vargas, *Pars vite et reviens tard*, éditions Viviane Hamy, 2001.

a. Soulignez un CC de condition dans le premier paragraphe.

b. S'agit-il du potentiel, de l'irréel du présent ou de l'irréel du passé ? Justifiez cet emploi en expliquant ce qu'est en train de faire l'enquêteur.

....

....

....

c. « S'il s'agit de puces... Mais s'il s'agit... » : les conditions peuvent-elles se produire ou non ? Comment le danger apparaît-il ? ....

....

....

6 **Transformez ces phrases en exprimant la condition par un CC correspondant aux indications entre parenthèses.**

1. Elle ne l'aurait pas connu, jamais elle n'aurait entrepris de visiter les catacombes. (*prop. sub. conjonctive*) → ....

....

....

2. Le meurtrier aurait été plus prudent, il n'aurait pas été découvert. (*GN prépositionnel*) → ....

....

3. Ces rues auraient eu plus de charme, nous nous serions promenés toute la journée. (*prop. sub. conjonctive*) → ....

....

À noter

La condition peut être exprimée de manière **implicite**, par la **juxtaposition de deux propositions au conditionnel**.
Une autopsie aurait été faite, cette erreur judiciaire n'aurait pas eu lieu.

7 **À vos plumes !**

Écrivez un dialogue entre deux adolescents qui hésitent à visiter une maison abandonnée. Vous emploierez les CC de condition suivants : au cas où tu l'accepterais • si j'avais su • à condition que tu en aies envie • si tu as trop peur • sans toi • si j'ouvre cette porte • si tu en avais le courage

Compétences validées

	☹	😐	☺
J'ai intégré dans mon texte les CC de condition proposés.			
Mes phrases sont correctement construites.			
Les temps et modes attendus sont employés.			
J'ai respecté la forme du dialogue.			

10 L'expression de la comparaison

Je retiens

La comparaison rapproche deux éléments, le **comparé** et le **comparant**, grâce à un **outil de comparaison** afin de souligner une **ressemblance** ou une **différence**.

Les récits fantastiques, de même que certains contes de fées, peuvent effrayer.

Les récits fantastiques	de même que	certains contes de fées
comparé	outil de comparaison	comparant

Outils de comparaison

Conjonctions de subordination (ou locutions conjonctives) : *comme, de même que…*
Elle était arrivée comme elle était partie.

Prépositions (ou locutions prépositives) : *à la façon de, à la manière de…*
À la façon d'un artiste…

Adjectifs dont le sens exprime la comparaison : *tel, pareil à, différent de…*
Telle une athlète…

Adjectifs au degré comparatif : *plus grand que, moins rapide que…*
Il est moins rapide que…

La plupart des comparaisons sont exprimées dans des **compléments circonstanciels**. Elles ont alors la forme de **groupes prépositionnels** (GN précédés d'une préposition) ou de **propositions subordonnées conjonctives**.

à la manière d'un tigre (GN prépositionnel), *comme un loup hurle à la lune* (prop. sub. conjonctive)

↘ Les degrés de signification de l'adjectif qualificatif, p. 28.

Je m'exerce

> **À noter**
> ***Tel* employé seul** s'accorde avec le nom qui le suit. ***Tel* suivi de la conjonction *que*** s'accorde avec le nom qui le précède. *Un amour **tel qu'**on en voit peu, qui brûle **telle** une flamme.*

1 ★ Dans les phrases, soulignez les comparés et encadrez les comparants.

1. Comme un tigre, cet homme colérique grondait.
2. Les gémissements de son adversaire ressemblaient aux pleurs d'un enfant.
3. Les villes humaines sont semblables à des ruches.
4. Paris a mis des mois à changer, telle une orange mûrissant.

2 ★★ Dans les phrases suivantes, relevez l'outil de comparaison et donnez sa nature.

1. Jean Valjean erra dans les égouts de Paris comme s'il traversait un labyrinthe.
Outil de comparaison : .... ; nature : ....
2. Leurs galeries ressemblaient à des gouffres obscurs.
Outil de comparaison : .... ; nature : ....
3. Il portait sur son dos un jeune homme qu'il voulait sauver et qui l'écrasait tel un fardeau.
Outil de comparaison : .... ; nature : ....
4. Le jeune homme vénéra son sauveur à la manière d'un dieu.
Outil de comparaison : .... ; nature : ....

3 ★★ Complétez les phrases par des comparaisons introduites par les mots en gras.

1. **Moins** .... **mieux** ....
2. Sa sensibilité est **supérieure à** ....
3. Il joue du piano **mieux qu'** ....
4. **Tels** ...., nous nous défendons vaillamment.
5. **De même qu'** .... **de même** ....

Je lis et je m'exprime

4 **Adressez-vous des compliments sous forme de comparaisons.**

Formez des binômes et adressez-vous tour à tour des compliments en utilisant des comparaisons. Vous veillerez à varier l'expression.

Exemple : *Ainsi qu'une étoile, tu brilles au firmament de la classe.*

5 **Lisez ce texte et répondez aux questions.**

Cosette et Marius viennent de se rencontrer et de tomber amoureux.

Cosette était dans son ombre[1], comme Marius dans la sienne, toute disposée pour l'embrasement. La destinée, avec sa patience mystérieuse et fatale, approchait lentement l'un de l'autre ces deux êtres [...] qui portaient l'amour comme deux nuages portent la foudre, et qui devaient s'aborder et se mêler dans un regard comme les nuages dans un éclair.

Victor Hugo, *Les Misérables*, 1862.

1. **Son ombre** : ici, sa vie obscure, sans passion.

a. Encadrez trois outils de comparaison. Soulignez en vert les comparés et en bleu les comparants.

b. Quels points communs trouvez-vous entre la deuxième et la troisième comparaison ? À quelle expression courante vous font-elles penser ?

....

....

....

....

c. Cherchez le sens du mot *embrasement*. Pourquoi peut-on le rapprocher des deux dernières comparaisons ?

....

....

6 **Complétez le complément circonstanciel de comparaison dans chacune de ces phrases. Deux des compléments seront des groupes prépositionnels, deux autres des propositions subordonnées.**

1. Il se comporte comme ....

2. La victime s'est défendue à la manière ....

3. Cette vision nous a frappés de terreur, de même ....

4. Rodrigue est sensible à l'honneur de la même façon que ....

7 **Réécriture. Réécrivez ce texte en ajoutant des comparaisons et en variant leurs natures et leurs fonctions.**

Dans le ciel gris, un bizarre dessin de ponts, ceux-ci droits, ceux-là bombés. D'autres descendant ou obliquant. Quelques-uns de ces ponts sont étroits. Certains sont encore chargés de masures.

D'après Arthur Rimbaud, « Les ponts », *Illuminations*, 1895.

....

....

....

....

....

....

8 **À vos plumes !**

Décrivez un personnage inquiétant, en utilisant les groupes de mots suivants.

pareil(le) à la plainte des chiens • comme un(e) fou/folle • comme un enfant le fait • plus grand(e) que moi • ressembler à • le/la plus démoniaque • tel(le) qu'on ne peut l'imaginer

Compétences validées

	☹	😐	☺
J'ai organisé mon portrait.			
J'ai su utiliser les comparants, les comparés et les outils de comparaison.			
J'ai rendu le personnage inquiétant.			
J'ai évité la répétition du verbe *être*.			

11

Les degrés de signification de l'adjectif qualificatif

Je retiens

Dans une comparaison, l'adjectif (ou le participe passé) peut désigner les différentes nuances d'un élément.

Le **comparatif** sert à marquer entre deux ou plusieurs éléments :

+	**la supériorité**	*Il est **plus** doué **que** Sherlock Holmes.*
=	**l'égalité**	*Mr Hyde est **aussi** petit **qu'**un nain.*
-	**l'infériorité**	*Ce film est **moins** apprécié **que** les autres.*

Le **superlatif relatif** sert à exprimer le degré le plus haut ou le plus bas :

+	**la supériorité**	*C'est le journal **le plus** lu **de** la presse française.*
-	**l'infériorité**	*C'est **le moins** bon film **que** j'aie vu récemment.*

Le **superlatif absolu** indique un degré d'intensité plus ou moins élevé, sans comparaison :
*C'est **très** impressionnant. Il est **extrêmement** fort. Les fantômes sont **fort** rares.*

Je m'exerce

1 Reliez chaque adjectif ou participe passé souligné au degré qu'il exprime.

1. Rodrigue est moins <u>téméraire</u> que le Comte. •
2. Leur mariage fut la plus <u>belle</u> des cérémonies. •
3. Cette nouvelle de Maupassant est extrêmement <u>terrifiante</u>. •
4. Les randonneurs étaient bien plus <u>exténués</u> que leur guide. •
5. Denise est une vendeuse aussi <u>efficace</u> que ses confrères. •
6. Cet industriel <u>richissime</u> a légué sa fortune à une œuvre caritative. •

- • comparatif
- • superlatif relatif
- • superlatif absolu

2 Complétez ces phrases en attribuant à l'adjectif le degré indiqué.

1. La ville de New York est .... visitée que la capitale, Washington (*comparatif de supériorité*). **2.** Le magasin *Au Bonheur des Dames* offre les prix .... chers du quartier (*superlatif d'infériorité*). **3.** Notre voyage dans la ville de Reykjavik fut .... dépaysant que le précédent, à New Delhi (*comparatif d'égalité*). **4.** Cette adaptation cinématographique est .... réussie que le roman original (*comparatif d'infériorité*).

Comparons nos langues

En anglais, le comparatif de supériorité est formé par **l'ajout du suffixe *-er*** à un adjectif court : *My brother is younger than me.* Comment dit-on : *Ma sœur est plus âgée (old)* ?

3 Pour chaque mot proposé, rédigez une phrase comportant un superlatif absolu, un superlatif relatif et un comparatif.

<u>Exemple</u> : *Information ⇨ Cette information me paraît <u>très étonnante</u>, c'est <u>la plus insolite</u> que j'aie entendue, elle me semble <u>moins probable</u> que l'inverse.*

Ville → ....

Pièce de théâtre → ....

....

Argument → ....

....

Artiste → ....

....

À noter

Pour exprimer le **superlatif absolu**, on peut aussi employer le **suffixe *-issime*** ou les **préfixes *hyper-*, *archi-***, etc.

4 **Créez des superlatifs absolus en ajoutant un adverbe d'intensité choisi dans la liste :** immensément • éminemment • fortement • exceptionnellement

1. Cette tribu amazonienne reste .... isolée dans la forêt tropicale.

2. Le roman *Les Misérables* de Victor Hugo est une œuvre .... connue.

3. Cette scientifique à l'origine de découvertes importantes est .... respectée.

4. Il est .... recommandé de s'échauffer avant de prendre le départ du cross du collège.

Je lis et je m'exprime

5 **Inventez, pour une radio, un spot publicitaire vantant les mérites d'un objet du quotidien.** Employez des superlatifs et des comparatifs. Vous pouvez vous aider des adjectifs et participes passés ci-dessous. Vous présenterez ensuite à vos camarades ce spot de cinq phrases maximum.

bon • cher • performant • efficace • apprécié • pratique • satisfait

6 **Lisez ce texte et répondez aux questions.**

Roger, quand je le connus, était plus âgé que moi de trois ans [...]. Je vous assure que c'était un des meilleurs officiers de notre corps ; **d'ailleurs, un cœur excellent, de l'esprit, de l'instruction, des talents, en un mot un jeune homme charmant. Il était malheureusement un peu fier et susceptible** [...] ; mais, pour dire la vérité, de tous ses défauts, le plus grand, c'était un désir violent et continuel de primer partout où il se trouvait.

Prosper Mérimée, *La Partie de trictrac*, 1830.

a. Encadrez une comparaison. Analysez-le.

....

....

b. Dans la partie en gras, relevez deux adjectifs mélioratifs, puis deux adjectifs péjoratifs. À qui renvoient-ils ?

....

....

....

c. Soulignez deux superlatifs relatifs. Quel trait de caractère mettent-ils en valeur ?

....

7 **Réécriture.** **Réécrivez cet extrait en donnant une impression de pauvreté : ajoutez des adjectifs au comparatif et au superlatif.**

En toute saison elle portait un mouchoir d'indienne[1] fixé dans le dos par une épingle, un bonnet lui cachant les cheveux, des bas gris, un jupon rouge, et par-dessus sa camisole[2] un tablier à bavette, comme les infirmières d'hôpital.

Gustave Flaubert, *Un cœur simple*, 1877.

1. **Indienne** : tissu imprimé de motifs.
2. **Camisole** : habit porté au-dessus de la chemise.

....

....

....

....

....

....

....

....

8 **À vos plumes !**

Décrivez la plus belle ville sur Terre, selon vous. Précisez sa situation géographique, puis décrivez quelques caractéristiques remarquables de cette ville. Employez des adjectifs variés, en exploitant leurs différents degrés.

Compétences validées

	☹	😐	☺
Le lecteur parvient à se représenter la ville.			
J'en ai fait une description valorisante.			
J'ai exploité les différents degrés de l'adjectif qualificatif.			

12 Les types et formes de phrases

Je retiens

Il existe **trois types de phrases**. Chaque phrase correspond à un seul type.

	Celui qui parle veut…	Ponctuation finale
Type déclaratif	apporter une information.	**. ou !**
Type interrogatif	poser une question.	**?**
Type impératif	donner un ordre ou une défense.	**! ou .**

On distingue **différentes formes de phrases**. Une même phrase peut cumuler plusieurs formes.

Forme négative	La phrase négative comporte des mots de négation (***ne… pas, ne… plus***).
Forme exclamative	Elle exprime un sentiment intense, et se termine par un point d'exclamation (**!**). *Cette navigatrice a réalisé un véritable exploit* **!**
Forme impersonnelle	Le sujet de la phrase impersonnelle ne représente rien ni personne. ***Il** règne un froid glacial.*
Forme passive	Le sujet subit l'action exprimée par le verbe, suivi d'un complément d'agent introduit par *de* ou *par*. *Les arbres sont sciés par les bûcherons.*

N.B. Avec la forme emphatique, un élément est mis en valeur dans la phrase (voir programme de 3e).
***Ce film**, je l'ai vraiment trouvé émouvant.*

Je m'exerce

Comparons nos langues

En espagnol, les phrases interrogatives ont deux points d'interrogation, un à la fin de la phrase et un **point inversé** au début : *¿Cómo te llamas?* Quel autre signe de ponctuation suit la même règle ?

1 Complétez chaque phrase à l'aide de la ponctuation qui convient. Indiquez le type de phrase créé.

1. L'eau coulait de la source, fraîche et limpide…… → type ……………………… **2.** Dépêche-toi si tu veux arriver à l'heure…… → type ……………………… **3.** Quelle méthode pensez-vous utiliser pour pratiquer cette expérience…… → type ……………………… **4.** Ils ont décidé de s'installer à Rome l'année prochaine…… → type ……………………… **5.** Comment vont-ils trouver l'argent nécessaire à leur projet…… → type ………………………

2 Pour chaque phrase, complétez le tableau suivant en indiquant les formes utilisées.

Exemple : Louise n'était pas acceptée par ses camarades.

1. Il tombe une pluie diluvienne ! **2.** Ce joueur n'a pas été exclu du terrain par l'arbitre cette fois-ci. **3.** Laure a gagné la compétition ! **4.** Les arbres furent déracinés par la foudre. **5.** Il ne faut pas se décourager !

	Forme			
	négative	**exclamative**	**impersonnelle**	**passive**
Exemple	×			×
1				
2				
3				
4				
5				

3 **Retrouvez le type et la ou les forme(s) des phrases suivantes et indiquez la lettre correspondante.**

A. Type déclaratif / Formes négative et passive.
B. Type impératif / Formes impersonnelle et exclamative.
C. Type déclaratif / Formes impersonnelle, passive et exclamative.
D. Type interrogatif / Forme impersonnelle.
E. Type déclaratif / Forme impersonnelle.

1. Faut-il vraiment une autorisation de sortie pour cette excursion ? .... **2.** Il règne une atmosphère étrange dans ce manoir. .... **3.** Il faut que tu arrives avant midi ! .... **4.** Il n'est pas du tout convaincu par mes arguments. .... **5.** Il a été décidé d'annuler tout bonnement ce projet de construction ! ....

Je lis et je m'exprime

4 **Lisez cet extrait et répondez aux questions.**

> Je vis, je vis distinctement, tout près de moi, la tige d'une de ces roses se plier, comme si une main invisible l'eût tordue, puis se casser, comme si cette main l'eût cueillie ! Puis la fleur s'éleva, suivant la courbe qu'aurait décrite un bras en la portant vers une bouche [...].
>
> Éperdu, je me jetai sur elle pour la saisir ! Je ne trouvai rien ; elle avait disparu. [...]
>
> Mais était-ce bien une hallucination ?
>
> Guy de Maupassant, *Le Horla*, 1887.

a. Soulignez les deux phrases à la forme exclamative. Quel(s) sentiment(s) expriment-elles ?

....

....

b. Quel est le type de la dernière phrase ? En quoi consiste le doute du narrateur ?

....

....

....

5 **Transformez les phrases suivantes selon le type et la forme indiqués entre parenthèses.**

1. Un vent violent souffle dans la plaine. (*phrase déclarative et impersonnelle*) → ....

....

2. Tu prends ta décision trop rapidement ! (*phrase interrogative et négative*) → ....

....

3. Vous ne vous entraînez pas assez régulièrement pour améliorer votre record (*phrase impérative et exclamative*) → ....

6 **Réécriture. Réécrivez les phrases ci-dessous à la forme impersonnelle.**

1. Ce problème semble impossible à résoudre.

→ ....

2. Une ambiance glaciale régnait.

→ ....

À noter

On peut rendre une phrase impersonnelle en **déplaçant son sujet après le verbe et en insérant *il***. Des mots peuvent changer : *La pluie tombe.* → ***Il pleut.***

7 **À vos plumes !**

Vous êtes rédacteur(-trice) dans un journal et vous devez rédiger un éditorial pour défendre la liberté de la presse. Donnez des arguments en faveur de la liberté d'expression et des exemples puisés dans l'actualité. Vous emploierez plusieurs types et formes de phrases.

Compétences validées

	☹	😐	☺
J'ai rédigé des phrases exclamatives et impératives.			
J'ai employé la forme passive.			
J'ai employé la forme impersonnelle.			
J'ai trouvé des arguments pertinents.			

13 Phrase simple et phrase complexe

Je retiens

Une **phrase simple** contient **un seul verbe conjugué,** donc **une seule proposition**.
Une **phrase complexe** contient **plusieurs verbes conjugués**, donc plusieurs **propositions**.

*[Christian **épouse** Roxane] [parce qu'il l'**aime**.]*
verbe 1 → prop. 1 — verbe 2 → prop. 2

Ces propositions peuvent être :
- des **indépendantes juxtaposées**, reliées par l'un des signes de ponctuation **:** ou **;** ou **,** ;
- des **indépendantes coordonnées**, reliées par une conjonction de coordination (**et**, **ou**, **car**...) ;
- une **principale** et des **subordonnées** qui en dépendent, introduites par un mot subordonnant.

Propositions subordonnées

Conjonctives
Introduites par une **conjonction de subordination** (*que*, *si*, *quand*...).
*Je veux [**que** nous partions à la campagne].*

Relatives
- Introduites par un **pronom relatif** (*qui*, *que*...).
- Complètent **un nom, l'antécédent**.

*Tu préfères **la ville** [**qui** est bruyante].*
antécédent

↘ Les propositions subordonnées conjonctives et relatives, p. 34.

Je m'exerce

1 ★ **Dans chacune de ces phrases, soulignez les verbes conjugués, puis indiquez s'il s'agit d'une phrase simple ou complexe en entourant la bonne réponse.**
1. Jeannot et Colin sont amis. → *simple / complexe*. **2.** Jeannot se réjouit, car il est devenu riche. → *simple / complexe*. **3.** Pour gagner, il faudrait jouer ! → *simple / complexe*. **4.** Colin aime la simplicité alors que Jeannot étale volontiers sa richesse. → *simple / complexe*. **5.** Colin dit à Jeannot que ce dernier l'a abandonné. → *simple / complexe*.

2 ★★ **a. Indiquez combien de propositions contiennent ces phrases, et si elles sont coordonnées, juxtaposées, ou principale et subordonnée.**
b. Encadrez les signes ou les mots qui vous ont permis de répondre.

1. Pose ton livre et viens te promener ! → ....

2. Les commerçants enrageaient : le grand magasin prospérait et les ruinait. → ....

....

3. Je t'attends parce que je dois te parler. → ....

4. Quand nous entrerons, vous ferez le guet. → ....

3 ★★ **Dans chacune de ces phrases, soulignez la proposition principale en bleu et la proposition subordonnée en rouge.**

1. Je te rejoins en ville où nous irons boire un chocolat chaud.

2. Comme je l'aimais beaucoup, je lui ai consacré beaucoup de temps.

3. Il veille sur toi parce qu'il ne veut que ton bonheur.

4. Lorsque j'ai tout à coup entendu un bruit étrange, j'étais en train de lire.

5. Ils avaient très envie de préparer un bon gâteau si bien qu'ils ont acheté de la farine et des œufs.

6. Quand le chat n'est pas là, les souris dansent.

4 **a. Dans les phrases ci-dessous, soulignez les propositions subordonnées. Si une proposition subordonnée se trouve dans une autre subordonnée, soulignez-la deux fois.**
1. Comme les villes sont impressionnantes, elles ont inspiré les artistes. **2.** Les poètes ont écrit des textes qui les célèbrent. **3.** Delaunay a peint la tour Eiffel qu'il avait vue en 1889. **4.** Je ne sais pas si j'aime ce livre. **5.** Avant que j'aille à Rome, il faut que tu me parles de cette ville que tu connais bien.

b. Recopiez seulement les subordonnées relatives.

....

Je lis et je m'exprime

5 **Top chrono ! En deux minutes, faites une phrase complexe contenant l'un des mots et signes ci-dessous.**
Vous la prononcerez à voix haute, en précisant les signes de ponctuation employés, le nombre de propositions qu'elle contient et si celles-ci sont juxtaposées, coordonnées ou principale et subordonnée.

or | puisque | ; | , | pour que | car | et | lorsque | si | où | que | lequel | :

6 **Lisez ce texte et répondez aux questions.**

[Gnathon] ne se sert à table que de ses mains ; il manie les viandes, les remanie, démembre, déchire, et en use de manière qu'il faut que les conviés, s'ils veulent manger, mangent ses restes. Il ne leur épargne aucune de ces malpropretés dégoûtantes, capables d'ôter l'appétit aux plus affamés ; le jus et les sauces lui dégouttent du menton et de la barbe.

Jean de La Bruyère, *Les Caractères*, 1688.

a. De combien de phrases cet extrait se compose-t-il ? Sont-elles simples ou complexes ? ....

....

b. Dans la première phrase, repérez et soulignez trois propositions subordonnées. Entourez les mots subordonnants.

c. Trouve-t-on dans le texte une majorité de propositions subordonnées, juxtaposées ou coordonnées ? Quel est l'effet produit ? ....

....

d. Comment le personnage décrit apparaît-il ? ....

....

7 **Réécriture. Réécrivez ce texte en une seule phrase complexe, contenant une proposition subordonnée conjonctive et une proposition subordonnée relative.**

La baronne, peu à peu, s'endormait. [...] Son mari se pencha vers elle, et posa doucement, dans ses mains croisées sur l'ampleur de son ventre, un petit portefeuille en cuir.

Guy de Maupassant, *Une vie*, 1866.

....

....

....

....

....

8 **À vos plumes !**

Écrivez votre recette du bonheur.
Elle commencera par « Pour être heureux... » et trois phrases simples. Puis vous ajouterez trois phrases complexes. Vous utiliserez au moins une fois la coordination, la juxtaposition et la subordination.

Compétences validées

	☹	😐	☺
J'ai rédigé une recette du bonheur.			
Mon texte commence par trois phrases simples.			
Mon texte s'achève par trois phrases complexes.			
J'ai employé juxtaposition, coordination et subordination.			

14 Les propositions subordonnées conjonctives et relatives

Je retiens

On distingue plusieurs catégories de propositions subordonnées :

La proposition subordonnée	Conjonctive		Relative
	Complétive	Circonstancielle	
Est introduite par :	La conjonction ***que***	Une conjonction / locution conjonctive ***quand***, ***parce que***…	Un pronom relatif : ***qui***, ***que***, ***dont***…
Peut-on la supprimer ?	Non	Oui	Oui, en général
Peut-on la déplacer ?	Non	Oui, en général	Non
A une fonction :	*Marie sait* ***que son projet est original****.* Elle est **COD du verbe** *sait*. Elle peut avoir d'autres fonctions : COI, sujet, attribut du sujet…	***Comme le vent souffle fort****, le voilier avance vite.* Elle est **complément circonstanciel de cause**.	*Ce manoir* ***qui est délabré*** *va être restauré.* Elle est **épithète du nom** *manoir*.

N.B. : La **conjonction *que* n'a pas de fonction** dans la subordonnée. Mais le **pronom relatif *que* a une fonction** dans la relative : *Le manteau qui est le plus beau.* → ***qui*** a pour antécédent *manteau*. Il est sujet du verbe *est*.

Je m'exerce

Comparons nos langues

En anglais, le pronom relatif n'est pas obligatoire quand il est COD. *The woman I saw is a novelist. La femme que j'ai vue est romancière.*

À noter

Une locution conjonctive peut être reprise par la simple conjonction ***que*** : *Les marins restent à quai,* ***parce que*** *la mer est déchaînée et* ***que*** *(= parce que) la tempête fait rage.*

1 ★ **Identifiez les subordonnées soulignées en vous aidant des critères de reconnaissance indiqués dans le *Je retiens*.**

1. Lorsque nous serons arrivés, nous t'appellerons sans faute. → ……………………

……………………

2. Écoute bien ces conseils que te donne ton professeur ! → ……………………

……………………

3. New York est une ville dont beaucoup de romanciers s'inspirent.

→ ……………………

2 ★★ **a. Dans chaque phrase, mettez entre crochets la subordonnée introduite par le mot *que*. Puis identifiez la nature de ce mot : pronom relatif ou conjonction ?**

b. Indiquez quel est l'antécédent du pronom relatif dans les propositions relatives.

1. La créature que le docteur Frankenstein a créée prend soudainement vie. → ……………………

……………………

2. Le docteur constate alors que le fruit de son travail est horrible. → ……………………

3. Cet être effrayant est constitué de matériaux humains que le savant a assemblés. → ……………………

……………………

3 **Mettez entre crochets les propositions conjonctives introduites par *que* et indiquez leur fonction : COD, sujet ou attribut du sujet.**

1. Que tu acceptes de m'accompagner à ce rendez-vous me soulage énormément. → ....

....

2. L'important est que tu fasses le maximum afin de ne pas avoir de regrets. → ....

....

3. La municipalité a décidé que la médiathèque sera ouverte le dimanche. → ....
4. Cette année, qu'Inès se présente à l'élection des délégués a surpris toute la classe. → ....

....

5. Cet archéologue prétend haut et fort qu'il a découvert un nouveau tombeau égyptien. → ....

....

Je lis et je m'exprime

4 **Lisez ce texte et répondez aux questions.**

Je tournai les buissons **qui forment la limite du bois des Saudres**, et j'aperçus une chaumière en ruines. [...] Je me rappelai [...] **qu'une bonne femme m'avait fait boire un verre de vin là-dedans, un jour de grande fatigue**, et **que Serval m'avait dit alors l'histoire des habitants**. Le père, vieux braconnier, avait été tué par les gendarmes. Le fils, **que j'avais vu autrefois**, était un grand garçon sec **qui passait également pour un féroce destructeur de gibier**. On les appelait les Sauvage. [...]

Lorsque la guerre fut déclarée, le fils Sauvage, qui avait alors trente-trois ans, s'engagea, laissant la mère seule au logis. On ne la plaignait pas trop, la vieille, parce qu'elle avait de l'argent, on le savait.

Guy de Maupassant, *La Mère Sauvage*, 1884, in *Contes choisis*, 1886.

a. Parmi les subordonnées en gras, soulignez en bleu les relatives, en vert les conjonctives complétives.
b. Dans le second paragraphe, encadrez deux propositions subordonnées circonstancielles.
c. Indiquez quelle circonstance est évoquée dans chacune des propositions que vous avez encadrées.

....

d. Identifiez la subordonnée soulignée. ....
e. Remplacez-la par un adjectif de même sens. ....
f. Justifiez la terminaison du verbe encadré. ....

....

g. Quelles informations justifient le nom « Sauvage » donné aux membres de cette famille ?

....

....

....

5 **À vos plumes !**

Imaginez qu'un(e) élève de votre classe a été sélectionné(e) pour participer à un concours d'expression orale. Rédigez, à son intention, cinq conseils au moins afin qu'il/elle réussisse sa prestation. Vous devez employer des propositions subordonnées relatives et conjonctives.

Compétences validées	☹	😐	☺
Mon texte comprend des subordonnées relatives.			
Mon texte comprend des subordonnées conjonctives variées.			
J'ai proposé plusieurs conseils en les justifiant.			

15 Les propositions subordonnées circonstancielles

Je retiens

- Certaines propositions subordonnées sont des **compléments circonstanciels** (CC).
- Elles peuvent prendre la forme de **propositions conjonctives**, introduites par une **conjonction de subordination**.

Conjonctions de subordination

Temps : *quand, lorsque, après que...* **+ indicatif** ; *avant que* **+ subjonctif**.	**Cause :** *parce que, puisque, comme...* **+ indicatif** ; *non que* (cause négative) **+ subjonctif**.	**Conséquence :** *si bien que, de telle sorte que...* **+ indicatif ou subjonctif** (selon les cas).
But : *pour que, afin que, de peur que* (but négatif)... **+ subjonctif**.	**Comparaison :** *comme, de même que...* **+ indicatif**.	**Condition :** *si, même si...* **+ indicatif** ; *à condition que...* **+ subjonctif**.

N.B. Elles peuvent être également des **propositions participiales**, construites autour d'un participe présent (voir programme de 3e). **Le sujet est différent** de celui de la principale : *La voiture étant en panne, j'irai travailler à vélo.*

Je m'exerce

1 Dans les phrases suivantes, soulignez la subordonnée circonstancielle et entourez la conjonction de subordination s'il y en a une. Puis reliez la phrase à la circonstance exprimée.

1. Les spectateurs n'ont pu assister au spectacle si bien qu'ils ont exigé le remboursement. •
2. Comme Mathilde ne possède pas de bijoux, elle ne veut pas venir au bal. •
3. L'entraîneur prépare son athlète afin que celui-ci gagne. •
4. Si tu le voulais, tu pourrais intégrer le club journal du collège. •
5. Il ment comme il respire. •
6. Dès qu'elle eut refermé la porte, une scène éclata dans le couple. •

• Temps
• Cause
• Conséquence
• But
• Comparaison
• Condition

2 Replacez les conjonctions de subordination suivantes dans la phrase qui convient.

étant donné que | lorsque | si | de telle sorte que | de peur que

1. Le baron Haussmann a élargi les boulevards, ... la circulation est plus facile. **2.** .... cet artiste aura terminé son tableau, il l'exposera dans une galerie d'art. **3.** Les enquêteurs explorent la ville, ... le suspect y est caché. **4.** Ils fouillent chaque rue, ... l'accusé ne s'enfuie. **5.** .... nous étions davantage vigilants et responsables, la pollution perdrait du terrain.

3 Indiquez la circonstance exprimée par *comme* dans les phrases suivantes, en marquant le numéro de chaque phrase dans la case du tableau qui convient.

1. Les Vallin font des fautes de français, **comme** le faisaient les paysans. **2. Comme** Goriot adore ses filles, il leur donne toute sa fortune. **3. Comme** nous discutions sur la terrasse, la nuit tomba petit à petit. **4.** Les travaux ont été interrompus, **comme** le terrain s'est révélé instable.

Temps	Cause	Comparaison
....	....	....

4 **Remplacez les GN soulignés par une proposition subordonnée circonstancielle de même sens. Indiquez la circonstance exprimée.**

1. Mathilde tombe en extase devant la sublime parure de son amie.

....

2. Son mari est prêt à tous les sacrifices pour le bonheur de sa femme.

....

3. Faute d'argent, elle est obligée de renvoyer sa bonne.

....

Je lis et je m'exprime

5 **Interprétez une saynète à trois.**

Un(e) enfant est en désaccord avec ses parents sur un choix important. L'élève jouant l'enfant expliquera pourquoi il ou elle s'oppose à ce choix et quelles en seraient les conséquences. Les élèves jouant les parents défendront aussi leur choix. Insérez des subordonnées circonstancielles variées.

6 **Lisez le texte de Maupassant et répondez aux questions.**

Et, comme elle voulait enlever l'enfant, elle donna cent francs en cadeau pendant que son mari faisait un écrit. [...] Et la jeune femme, radieuse, emporta le marmot hurlant, comme on emporte un bibelot désiré d'un magasin [...].

Les parents, chaque mois, allaient toucher leurs cent vingt francs chez le notaire ; **et ils étaient fâchés avec leurs voisins parce que la mère Tuvache les agonisait d'ignominies.**

Guy de Maupassant, *Aux champs*, 1882.

a. Quelle circonstance exprime chaque subordonnée soulignée ? ....

b. Encadrez une subordonnée circonstancielle de comparaison. Que dénonce-t-elle ? ....

....

....

....

c. Dans la partie en gras, soulignez une subordonnée circonstancielle. Que signifie-t-elle ? ....

....

....

7 **Transformez ces phrases afin d'y insérer une subordonnée circonstancielle de conséquence. Variez les conjonctions.**

1. J'ai choisi d'être reporter parce que ce secteur me passionnait.

→ ....

2. Comme il y a assez de volontaires, le voyage peut avoir lieu. →

....

3. Parce qu'il éprouvait une frayeur épouvantable, il en restait pétrifié.

→ ....

À noter

En général, on peut déplacer les subordonnées circonstancielles avant ou après la proposition principale. Une exception : les **subordonnées de conséquence** se situent toujours **après la principale**.

8 **À vos plumes !**

Racontez l'élaboration d'un projet que vous avez mené avec des camarades. Choisissez un sujet : un reportage pour le journal du collège, la création d'un spectacle théâtral ou musical, une action humanitaire, etc. Expliquez les circonstances : le cadre, vos motivations, les résultats... Veillez à employer des subordonnées variées.

Compétences validées

	☹	😐	☺
L'exposé de mon projet est clair.			
J'ai employé des subordonnées circonstancielles.			
Mes phrases sont correctement construites.			

16 Les propositions subordonnées interrogatives indirectes

Je retiens

▶ La **proposition subordonnée interrogative indirecte** complète des verbes qui expriment le doute, l'ignorance ou l'interrogation : *demander, ignorer...* Elle a toujours la **fonction de COD** (complément du verbe).

Je me demande [*quel âge elle a !*]
↓ prop. principale — ↓ subordonnée interrogative indirecte

Mots introduisant une subordonnée interrogative indirecte

- **Conjonction de subordination *si*.**
- **Pronoms interrogatifs** : *qui, ce qui / que, lequel...*
- **Déterminants interrogatifs** : *quel, quelle...*
- **Adverbes interrogatifs** : *où, quand, comment...*

▶ Les subordonnées interrogatives indirectes ne sont **pas suivies de point d'interrogation** et ne contiennent **pas d'inversion du sujet**.

*Rodrigue **a-t-il remporté** le duel ? → On peut se demander si Rodrigue **a remporté** le duel.*

Je m'exerce

1 **Soulignez les propositions subordonnées interrogatives indirectes de ce texte.**

> Franz se demandait comment il parviendrait jusqu'à elle, comment il pourrait l'emmener avec lui. Il ne savait pas s'il serait capable de la porter sur un si long trajet. Il pensa qu'il devait être 9 heures : il ne pouvait plus perdre de temps s'il voulait retrouver sa fiancée.

2 **Transformez les questions suivantes en propositions subordonnées interrogatives indirectes, COD de *j'ignore*.**

Exemple : Est-ce qu'il viendra ? ⇨ J'ignore s'il viendra.

1. Quand viendra-t-il ? → ....
2. Pourquoi ne me parle-t-elle plus ? → ....
3. Est-ce que tu peux m'accompagner ? → ....
4. Où ont-ils trouvé cette perle rare ? → ....

3 **Précisez si ces phrases sont des interrogations totales ou partielles.**

	Totale	Partielle
1. Je me demande qui sera mon interlocuteur.	☐	☐
2. Je ne sais pas s'il est l'heure de partir.	☐	☐
3. Nous ignorons quel itinéraire il faut prendre.	☐	☐
4. Décide si tu souhaites poursuivre cette formation.	☐	☐
5. Il ne se rappelle pas comment il est arrivé là.	☐	☐

À noter

Dans les interrogatives indirectes, une **interrogation totale** (dont la réponse est *oui, non, je ne sais pas*) est toujours introduite par *si*. Les autres questions sont appelées **interrogations partielles**.

4 **Transformez les propositions subordonnées interrogatives indirectes en interrogations directes.**

Exemple : Il me demande quand je repartirai chez moi. ⇨ Quand repartiras-tu chez toi ?

1. Je ne sais pas ce qu'elle aimerait recevoir pour son anniversaire. → ....
....
2. Nous ignorons s'il fera beau à Noël. → ....
3. Il se demande pourquoi on ne l'a pas prévenu. → ....
4. Le professeur lui a demandé à quoi il jouait. → ....

5 **Mettez entre crochets les propositions subordonnées interrogatives indirectes et soulignez le mot qui les introduit. (Attention aux intrus.)**

1. Savez-vous qui est le vainqueur de la course nautique ?
2. Je me demande qui a pu triompher dans de telles conditions .
3. C'est bien lui qui a gagné pourtant.
4. Il faudra vérifier quand il est arrivé précisément .
5. Ils ne savent pas s'il a passé la bouée le premier .

Je lis et je m'exprime

6 **Jouez au « bouche-à-oreille ».**

Choisissez un(e) élève à l'autre extrémité de la classe, puis dites à l'oreille de votre voisin(e) : *Je veux demander à...*, suivi du nom de l'élève et d'une interrogative indirecte. Votre voisin(e) répète la phrase à l'oreille de son/sa voisin(e), et ainsi de suite jusqu'à ce que la question arrive à son destinataire. On vérifie alors que le message d'arrivée correspond à celui de départ, avant de recommencer avec d'autres élèves.

7 **Lisez ce texte et son résumé, puis répondez aux questions.**

a. Que marquent le ton et les propos du dialogue original ?

....

....

b. Dans le résumé, soulignez les interrogatives indirectes et encadrez les mots qui les introduisent.

c. Qu'est-ce que le résumé de cette scène ne rend pas fidèlement ? ....

....

....

....

CLÉANTE. – J'ai découvert que mon père est mon rival.

LA FLÈCHE. – Votre père amoureux ?

CLÉANTE. – Oui [...].

LA FLÈCHE. – Lui se mêler d'aimer ! De quoi diable s'avise-t-il ? Se moque-t-il du monde ? Et l'amour a-t-il été fait pour des gens bâtis comme lui ?

Molière, *L'Avare*, 1668.

Résumé : Cléante a appris que son père était son rival. Surpris, La Flèche se demande de quoi s'avise ce père, s'il se moque du monde et si l'amour est fait pour un homme laid comme lui.

8 **Pour chaque phrase, imaginez des propositions subordonnées interrogatives indirectes qui portent sur les mots soulignés.**

Exemple : *Cette statue est d'origine romaine.* ⇨ *J'ignore quelle est l'origine de cette statue.*

1. Oui, il est déséquilibré. → Les médecins doivent dire ....
2. Cet objet ensorcelé a été acheté chez un antiquaire. → Ils ignorent ....
3. Don Juan a séduit et trompé plus de mille femmes. → On cherche à savoir ....

....

9 **À vos plumes !**

Un nouvel élève est arrivé dans la classe. Le professeur lui a dit de s'asseoir à côté de vous. Imaginez l'échange que vous avez eu avec lui. Votre récit écrit au passé composé et à l'imparfait devra comporter au moins cinq propositions subordonnées interrogatives indirectes.

Compétences validées

	☹	😐	☺
J'ai donné des informations sur le « nouveau ».			
J'ai utilisé cinq propositions subordonnées interrogatives indirectes.			
J'ai varié les verbes de parole et les conjonctions de subordination.			
J'ai respecté le choix des temps et des personnes.			

ÉVALUATION

Je fais le point sur mes connaissances

1 Indiquez entre parenthèses la fonction des groupes soulignés : attribut du sujet, COD ou COI.

Nous avons appris plusieurs scènes de *L'Avare* (........................). Notre professeur nous (........................) a encouragés et nous (........................) a fait confiance. Nous sommes enfin devenus de vrais apprentis comédiens (........................).

.... /4

2 Pour chaque phrase, indiquez le sens du complément circonstanciel souligné en choisissant l'un des mots de la liste suivante.

manière • moyen • but • conséquence • condition

1. Lola est angoissée, si bien qu'elle oublie tout. → .... 2. Cet acteur répète afin de connaître son texte. → .... 3. Il partira avec nous pourvu qu'il trouve un train. → ....

4. Les joueurs ont gagné avec panache. → ....

5. Elle a ouvert avec ses clés. → ....

.... /5

3 Pour chacune de ces phrases, entourez le bon type et la/les bonne(s) forme(s) de phrases.

1. Pourquoi ne veux-tu pas venir ?
Type : interrogatif – impératif.
Forme(s) : exclamative – négative – impersonnelle.

2. Il fait tellement froid !
Type : déclaratif – impératif.
Forme(s) : négative – exclamative – impersonnelle.

3. Cette proposition est acceptée par tous les élèves.
Type : impératif – déclaratif.
Forme(s) : négative – passive – impersonnelle.

4. Il ne reste plus aucun exemplaire de cet ouvrage.
Type : déclaratif – interrogatif.
Forme(s) : négative – passive – impersonnelle.

.... /4

4 Indiquez comment les propositions sont reliées dans ces phrases complexes : juxtaposition, coordination ou subordination.

1. Le baron Haussmann voulait transformer Paris et il a réussi. → ....

2. Il a pris cette décision parce qu'il s'était inspiré de Londres. → ....

3. Le projet fut achevé en 1870 ; Paris avait augmenté sa superficie. → ....

.... /3

5 Réécrivez les phrases en remplaçant les groupes soulignés par une proposition subordonnée, selon l'indication entre parenthèses.

1. Apprenez vos rôles en vue de réussir la pièce (*subordonnée circonstancielle*). → ....

2. À la fin de sa tirade, le public impressionné applaudit Cyrano (*subordonnée relative*). → ....

3. Simon se demande : « Pourrai-je partir à l'étranger ? » (*subordonnée interrogative indirecte*). → ....

4. Les spectateurs souhaiteraient un dernier salut des acteurs (*subordonnée conjonctive complétive*).
→ ....

.... /4

Total .... /20

Comptez vos points

Comptez 0,5 point par bonne réponse.

Vous avez 15 à 20 points : Bravo ! Ces notions n'ont plus de secrets pour vous !

Vous avez 11 à 14 points : Vous y êtes presque ! Encore quelques efforts et vous deviendrez incollable.

Vous avez 8 à 10 points : Vous êtes sur la bonne voie ! Relisez les pages 16 à 39 puis recommencez les exercices.

Vous avez 0 à 7 points : Relisez les pages 16 à 39. Pour comprendre vos erreurs, discutez-en avec votre professeur.

Je fais le point sur mes compétences

6 Lisez le texte et répondez aux questions.

Le docteur Jekyll boit le breuvage qu'il a créé ; il devient le maléfique Mr Hyde.

Une nausée abominable m'étouffait et mon âme était la proie d'une terreur comme on ne peut sans doute en éprouver qu'au premier jour de la vie ou au dernier. Cependant, **cette souffrance fut brève** et je revins à moi comme on sort d'**une maladie grave**. Il y avait dans mes sensations quelque chose d'étrange… et de délicieusement neuf ! […] Dès le début de cette existence nouvelle, je fus dix fois plus mauvais qu'auparavant.

Robert Louis Stevenson, *Dr Jekyll et Mr Hyde*, trad. de J. Muray, Hachette, 1975.

a. Dans les parties en gras, repérez les adjectifs et indiquez leur fonction.

……………………………………………………………………………………

……………………………………………………………………………………

b. Dans la première phrase, relevez une subordonnée circonstancielle de comparaison. Que met-elle en valeur ?

……………………………………………………………………………………

……………………………………………………………………………………

c. Soulignez une phrase de forme impersonnelle et indiquez quel est son type. Qu'exprime-t-elle ?

……………………………………………………………………………………

d. Quel est le degré de signification de l'adjectif *mauvais* ?

……………………………………………………………………………………

7 Dictée préparée. Lisez ce texte et répondez aux questions, puis écrivez-le sous la dictée de votre professeur.

Nous avons marché une heure dans les rues qui grouillaient de monde. C'était le matin, l'heure d'aller au travail. Pressés, nerveux, les passants nous croisaient sans nous regarder. Une petite fille vêtue de rouge qui avançait à nos côtés nous a observés et nous a souri.

a. Quelle est la fonction des adjectifs *pressés* et *nerveux* ? Expliquez leur accord. ……………………………

……………………………………………………

……………………………………………………

b. Expliquez l'accord des verbes dans les propositions subordonnées relatives.

……………………………………………………………………………………

……………………………………………………………………………………

c. Réécrivez la dernière phrase en remplaçant *fille* par *filles*. Effectuez toutes les modifications nécessaires.

……………………………………………………………………………………

8 À vos plumes ! Imaginez que vous avez bu un breuvage magique, comme le docteur Jekyll.
Racontez quelles sensations vous éprouvez, quelle créature vous devenez, quelles bonnes ou mauvaises actions vous entreprenez. Vous emploierez au moins cinq expansions du nom de natures variées, que vous soulignerez en vert, et cinq compléments circonstanciels, que vous soulignerez en bleu. Vous enrichirez votre récit avec au moins deux comparaisons.

Compétences validées	☹	😐	☺
Identifier les groupes syntaxiques : leurs constituants et leurs fonctions.			
Analyser les constituants de la phrase simple.			
Identifier les types et les formes de phrases.			
Connaître le fonctionnement des chaînes d'accord.			

17 Le présent de l'indicatif

Je retiens

Pour conjuguer un verbe au présent de l'indicatif, on ajoute au radical les terminaisons indiquées en rouge.

	je	tu	il/elle/on	nous	vous	ils/elles
Verbes en *-er* (sauf *aller*) ***Ouvrir, couvrir, offrir***	dans-e	dans-es	dans-e	dans-ons	dans-ez	dans-ent
Verbes en *-ir / -issant*	fini-s	fini-s	fini-t	finiss-ons	finiss-ez	finiss-ent
Verbes en *-ndre*, *-rdre*	prend-s	prend-s	prend	pren-ons	pren-ez	prenn-ent
Pouvoir, vouloir, valoir	peu-x	peu-x	peu-t	pouv-ons	pouv-ez	peuv-ent
Autres verbes	li-s	li-s	li-t	lis-ons	lis-ez	lis-ent

Pour trouver le **radical** :

- **Verbes en *-er* et *ouvrir*, *couvrir*, *offrir*** : radical de l'infinitif : *aimer → j'aime.*
- **Verbes en *-ir / -issant*** : radical en ***-i-*** au singulier, en ***-iss-*** au pluriel : *je finis, nous **finiss**ons.*
- **Verbes en *-ndre*, *-rdre*** : radical en ***-d-*** au singulier, qui peut changer ensuite : *je prends, tu prends, il prend, nous **pren**ons, vous **pren**ez, ils **prenn**ent.*

Attention ! De nombreux verbes ont un radical particulier : *croire → je crois, nous croyons, ils croient, résoudre → je résous, ils résol**v**ent, voir → nous voyons, ils **voient**...*
Il faut veiller notamment à la conjugaison des verbes *avoir*, *être* et *aller*.

Je m'exerce

Comparons nos langues
En anglais, ***to resolve*** signifie *résoudre*. Quel lien peut-on faire entre ce mot anglais et la langue française ?

1 ★ **Indiquez l'infinitif des verbes suivants.**

tu as : .... • nous haletons : .... • tu vas : .... •
ils apparaissent : .... • je vocifère : .... •
il crie : .... • je peux : .... • vous venez : .... • vous réfléchissez : .... •
ils veulent : .... • ils soutiennent : .... • ils sont : .... •
nous faisons : .... • vous craignez : .... • il perd : ....

2 ★ **Parmi ces verbes, barrez ceux qui ne sont pas au présent de l'indicatif.**

nous pétrifiions • vous faites • nous pétrifions • il s'émeut • tu résous • vous changiez • ils nettoient • vous craigniez • j'éteins • vous semblez • nous partageons

3 ★★ **Conjuguez les verbes suivants au présent de l'indicatif, en respectant les personnes indiquées.**

1. lancer (*il, nous*) : ....
2. pouvoir (*je, elles*) : ....
3. dépouiller (*tu, ils*) : ....
4. être (*nous, vous*) : ....
5. ranger (*tu, nous*) : ....
6. salir (*ils, elle*) : ....
7. envoyer (*je, elles*) : ....
8. enfreindre (*je, ils*) : ....

4 ★★ **Conjuguez les verbes donnés au présent de l'indicatif en respectant la personne indiquée entre parenthèses.**

1. Tu fais (*vous, ils*) ....
2. Je crois (*nous, ils*) ....
3. Il met (*je, ils*) ....
4. Nous savons (*tu, ils*) ....
5. Je vais (*vous, ils*) ....
6. Je dis (*vous, ils*) ....
7. J'éteins (*tu, vous*) ....
8. Tu vieillis (*ils, vous*) ....

5 a. **Conjuguez ces verbes aux trois personnes du singulier :**

1. Répondre : ....

2. Jeter : ....

3. Résoudre : ....

4. Nettoyer : ....

b. **Conjuguez ces verbes aux trois personnes du pluriel :**

1. Résoudre : ....

2. Rendre : ....

3. Ranger : ....

4. Tenir : ....

5. Saisir : ....

6. Boire : ....

Je lis et je m'exprime

6 **Lisez le texte de La Bruyère et répondez aux questions.**

Giton [...] parle avec confiance ; il fait répéter celui qui l'entretient, et il ne goûte que médiocrement tout ce qu'il lui dit. Il déploie un ample mouchoir, et se mouche avec grand bruit ; il crache fort loin, et il éternue fort haut. [...] Il interrompt, [...] on ne l'interrompt pas, on l'écoute aussi longtemps qu'il veut parler [...] ; il se croit du talent et de l'esprit. Il est riche.

Jean de La Bruyère, *Les Caractères*, 1688.

a. Soulignez les verbes conjugués au présent de l'indicatif et indiquez leur infinitif. ....

....

....

b. Pourquoi ce texte est-il écrit au présent ? Quel type de texte reconnaissez-vous ? ....

....

....

c. Giton est-il une personne agréable ? Qui est visé à travers ce personnage ? ....

....

....

7 **Réécriture. Réécrivez ce texte au présent de l'indicatif.**

Mais tous les préjugés de notre civilisation, que je tenais malgré tout bien ancrés en moi, m'empêchaient d'accepter un tel cadeau sans rien offrir en échange. D'un geste, j'arrachai de mon poignet la superbe montre en or que je possédais et la tendis à Taratonga.

Romain Gary, « J'ai soif d'innocence », *Les oiseaux vont mourir au Pérou*, Gallimard, 1962.

....

....

....

....

....

....

....

8 **À vos plumes !**

Imaginez un personnage qui souffre d'une phobie et se trouve soudain confronté à l'objet de sa peur. Décrivez cette rencontre et ce que cet homme ressent, au présent de l'indicatif. Vous veillerez à employer le lexique des sentiments. Votre texte commencera par : « Hippolyte Berger n'a jamais imaginé qu'il se trouverait dans une telle situation. Un jour, pourtant... »

Compétences validées

	☹	😐	☺
J'ai employé le présent de l'indicatif.			
Mon récit est rédigé à la 3e personne.			
J'ai utilisé le champ lexical des sentiments.			

Je retiens

Les emplois du présent de l'indicatif

Présent d'énonciation
L'action se passe au moment où l'on parle (surtout dans les dialogues).
*« J'**hésite** », admit-il.*

Présent de vérité générale
L'idée ou l'action est présentée comme toujours vraie.
*Le travail, c'**est** la santé.*

Présent d'habitude
L'action se répète.
*Tous les dimanches, il **fait** la grasse matinée.*

Présent de narration
Une action passée est racontée au présent pour rendre le récit plus vivant.
*Nous marchions, quand un inconnu **apparaît** soudain.*

Futur proche
L'action va bientôt se produire.
*Elle **arrive** dans une heure. (= elle arrivera, elle va arriver)*

Passé proche
L'action vient de se produire.
*Il **sort** de chez le médecin à l'instant. (= il est sorti, il vient de sortir)*

Je m'exerce

Comparons nos langues
En anglais, on distingue plusieurs présents. Le présent simple sert à exprimer le présent de vérité générale et d'habitude. Citez un autre présent employé en anglais. Qu'exprime-t-il ?

10 Soulignez les verbes au présent et expliquez l'emploi du présent dans ces phrases.

1. Elvire prit la parole et dit : « Rodrigue nous écoute, il se tient caché dans la maison. » → ……

2. Dans l'île des esclaves, quotidiennement, les maîtres apportent le petit déjeuner à leurs valets. → ……

3. Demain, j'accomplis ma vengeance. → ……

4. Pour vivre, l'homme doit nécessairement s'alimenter. → ……

5. Nul n'est censé ignorer la loi. → ……

11 Soulignez les verbes au présent, puis reliez chacun d'eux à ce qu'il exprime.

1. Quand vient-il ? Mystère ! •
2. La nuit était paisible ; soudain, un chien qui semblait surgi de l'enfer sort du fossé. •
3. Le comte sort tout juste du conseil royal, il était furieux ! •
4. « L'amour n'est qu'un plaisir, l'honneur est un devoir. » •
5. Demain, je fonce au boulot dès 7 heures du matin. •
6. Séville se situe en Andalousie. •
7. « Qui te rend si hardi de troubler mon breuvage ? » •
8. Chaque jour, nous répétons les mêmes gestes. •

• présent d'énonciation
• présent de vérité générale
• futur proche
• présent de narration
• présent d'habitude
• passé proche

12 Complétez ces phrases par une proposition au présent dont la valeur est notée entre parenthèses.

1. Je te répète souvent que …… *(présent de vérité générale)*.

2. Tu tombes bien, …… *(futur proche)*.

3. Je t'avais mis en garde, …… *(présent d'habitude)*.

4. Les brigands s'apprêtaient à fuir, …… *(présent de narration)*.

Je lis et je m'exprime

13 **Allez en binômes au tableau. L'un(e) d'entre vous indique à voix haute un emploi du présent. Le ou la second(e) élève énonce une phrase au présent qui correspond à cet emploi. Échangez ensuite les rôles.**

14 **Lisez ce texte et répondez aux questions.**

DON RODRIGUE

Cette ardeur que dans les yeux je porte,
Sais-tu que c'est son sang ? le sais-tu ?

LE COMTE

Que m'importe ?

DON RODRIGUE

À quatre pas d'ici je te le fais savoir.

LE COMTE

Jeune présomptueux.

DON RODRIGUE

Parle sans t'émouvoir.
Je suis jeune, il est vrai ; mais aux âmes bien nées
La valeur n'**attend** point le nombre des années.

Pierre Corneille, *Le Cid*, 1660.

a. Soulignez un verbe au présent indiquant un futur proche.

b. Le verbe en gras est au présent de vérité générale. Dans quel genre de phrase se trouve-t-il ? Qui Rodrigue décrit-il en parlant des « âmes bien nées » ?

....

....

....

c. Entourez les autres verbes au présent de l'indicatif. Expliquez leur emploi.

....

....

15 **Dans ces phrases, conjuguez les verbes entre parenthèses. Chacun d'eux peut-être conjugué à deux temps.**

1. Dans deux heures, le roi ..../...................... (*attribuer*) un gouverneur au prince. **2.** Le Comte s'attendait à être choisi ; à sa grande surprise, le roi ..../...................... (*désigner*) don Diègue. **3.** Hannibal ..../............ (*être*) un général carthaginois. **4.** Chimène et Rodrigue pensaient se marier bientôt ; soudain, .../...................... (*se déclencher*) une querelle entre leurs pères.

16 **Inventez des proverbes en utilisant les verbes suivants au présent de vérité générale.**

Exemple : *Oublier* → *L'ingrat oublie vite le bien qu'on lui a fait.*

Mentir → ....

Penser → ....

Rêver → ....

Hésiter → ....

Douter → ....

S'engager → ....

17 **À vos plumes !**

Rédigez un récit au passé rapportant une dispute. Vous y introduirez des verbes au présent.
Votre texte comportera un présent de narration que vous encadrerez, des présents d'énonciation que vous soulignerez en bleu, un présent de vérité générale que vous soulignerez en rouge et un futur proche que vous soulignerez en vert.

Compétences validées	☹	😐	☺
Mon récit raconte une dispute.			
J'ai employé les temps du passé (passé simple et imparfait).			
J'ai employé et identifié les présents indiqués dans la consigne.			
J'ai inséré correctement des paroles rapportées.			

18 L'impératif présent

Je retiens

L'impératif est un mode verbal où **le sujet n'est pas exprimé**. La terminaison du verbe indique la personne. Il ne se conjugue qu'à **trois personnes**.

	Verbes en *-er*	Verbes en *-ir/-issant*	Autres verbes
2e personne du singulier	dans-e	fin-is	prend-s
1re personne du pluriel	dans-ons	fin-issons	pren-ons
2e personne du pluriel	dans-ez	fin-issez	pren-ez

Attention ! Certains verbes changent de radical.

être → ***sois, soyons, soyez*** — *avoir* → ***aie, ayons, ayez***
aller → ***va, allons, allez*** — *savoir* → ***sache, sachons, sachez***

L'impératif présent exprime l'**ordre**, la **défense**, le **conseil**, l'**encouragement** ou la **prière**.

Je m'exerce

Comparons nos langues

Aide-toi, et le ciel t'aidera se dit en anglais *God helps those that help themselves*. Dites quel mode a été choisi dans chacune des langues pour donner ce conseil.

1 Conjuguez les verbes suivants à la deuxième personne du singulier et du pluriel de l'impératif présent.

1. parler → ....
2. croire → ....
3. venir → ....
4. rêver → ....
5. défaire → ....
6. entendre → ....
7. vouloir → ....

2 Pour chacune des phrases suivantes, soulignez les impératifs et précisez leur emploi.

Exemple : *Ne tremblez pas face à ce spectre.* → *défense.*

1. Pars affronter l'ennemi, je l'exige ! → ....
2. Tu vois bien que ce n'est pas possible : tente d'oublier cette idée. → ....
3. Par pitié, ne me laisse pas seul dans l'antre du vampire ! → ....
4. Ah ! s'il vous plaît, ne me parlez plus de ce tableau maudit. → ....
5. Continuons à nous entraîner, nous pouvons y arriver. → ....

3 Conjuguez le verbe entre parenthèses à l'impératif et à la personne indiquée.

1. Avant de te décider, ... (*prendre, 2e pers. du sing.*) conseil auprès de tes amis. **2.** Ne .... (*mépriser, 1re pers. du plur.*) jamais un avis utile. **3.** .... (*S'appliquer, 1re pers. du plur.*) à penser le bien, à dire le bien, à faire le bien. **4.** Ne .... (*louer, 2e pers. du sing.*) pas un homme avant qu'il ait parlé.

4 Dites ce qu'exprime l'impératif dans les phrases suivantes.

Exemple : *Tâche d'améliorer tes résultats pour ne pas perdre pied.* → *conseil*

1. Veuillez entrer dans notre humble demeure. → ....
2. Ne prononce pas ces mots qui nous désolent. → ....
3. Dis-nous la vérité : ne persiste pas dans le mensonge. → ....
4. Rassure-toi, nous ne cherchons qu'à t'aider. → ....
5. Puissions-nous parvenir au refuge avant la nuit. → ....

Je lis et je m'exprime

5 **Lancez-vous des défis de conjugaison.**
En binômes, établissez une liste de verbes à l'infinitif. Puis un premier binôme s'adresse à un deuxième binôme, en lui donnant un infinitif à conjuguer à l'impératif. Un troisième binôme est ensuite défié par le deuxième, et ainsi de suite, jusqu'à ce que toute la classe ait pris part au jeu. La classe relève les erreurs ; les élèves qui les ont faites les expliquent et essaient de les corriger avec l'aide de l'enseignant.

6 **Lisez le texte et répondez aux questions.**

Don Diègue révèle à son fils Rodrigue, fiancé à Chimène, qui il devra affronter en duel.

DON DIÈGUE
C'est...
RODRIGUE
De grâce, achevez.
DON DIÈGUE
Le père de Chimène.
RODRIGUE
Le... ?
DON DIÈGUE
Ne réplique point, je connais ton amour :
[...] Venge-moi, venge-toi.
Montre-toi digne fils d'un père tel que moi.
Accablé des malheurs où le destin me range,
Je vais les déplorer. Va, cours, vole, et nous venge.

Pierre Corneille, *Le Cid*, 1660.

a. Soulignez les verbes à l'impératif.

b. Quand l'impératif est suivi d'un pronom personnel, que remarquez-vous ?

....

....

c. À quoi reconnaît-on le respect que Rodrigue témoigne à son père ?

....

....

d. Dans le dernier vers, montrez une progression dans les impératifs, en rythme et en signification. Quel effet sonore la renforce ?

....

....

....

....

....

7 **Réécriture.** **Réécrivez ce texte en conjuguant à l'impératif tous les verbes qui peuvent l'être.**

L'armée de Napoléon, pourchassée par les Russes, tente de franchir le fleuve de la Bérézina.

Dis au général Fournier qu'à peine a-t-il le temps d'évacuer sa position, de percer tout ce monde, et de passer le pont. Quand tu l'auras vu se mettre en marche, tu le suivras. Aidé par quelques hommes valides, tu brûleras sans pitié les bivouacs, les équipages, les caissons, les voitures, tout !

Honoré de Balzac, *Adieu*, 1830.

....

....

....

....

....

....

....

8 **À vos plumes !**

Un(e) ami(e) et vous apprenez qu'un trésor est caché dans une forêt toute proche. Vous voulez partir à sa recherche.
Rédigez un dialogue entre votre ami(e) et vous, dans lequel vous mettez au point votre stratégie. Utilisez au moins dix verbes à l'impératif. Dans une conclusion de deux lignes, expliquez comment vous êtes parvenu(e)s à découvrir le trésor.

Compétences validées

	☹	😐	☺
J'ai bien choisi et conjugué les verbes à l'impératif.			
J'ai respecté la forme du dialogue.			
J'ai évoqué la fin de la chasse au trésor sans la raconter dans le détail.			

19 Le futur de l'indicatif

Je retiens

▶ Pour construire le futur de l'indicatif, on prend l'**infinitif du verbe** et on lui ajoute les terminaisons indiquées en rouge dans le tableau suivant.

je	tu	il/elle/on	nous	vous	ils/elles
lir-ai	lir-as	lir-a	lir-ons	lir-ez	lir-ont

trouver → nous trouverons *franchir → tu franchiras* *partir → je partirai*

Attention ! Les verbes dont l'infinitif se termine en *-e* perdent ce *-e* final : *admettre → j'admettrai.*
Certains verbes changent de radical. Quelques exemples courants à connaître :
*être → **il sera*** *avoir → **il aura*** *aller → **il ira*** *faire → **il fera*** *vouloir → **il voudra*** *pouvoir → **il pourra***
*savoir → **il saura*** *falloir → **il faudra*** *acheter → **il achètera*** *appeler → **il appellera*** *venir → **il viendra***

▶ Le futur exprime une **action située dans l'avenir** : *Demain, je partirai.*
Il peut aussi exprimer un **ordre**, une **interdiction** dans une phrase négative, un **conseil** ou une **promesse**.
Tu me retrouveras à 18 heures. Je te ferai un beau cadeau pour ton anniversaire.

Comparons nos langues

En anglais, on forme le futur avec l'auxiliaire *will* suivi du verbe (sans *to*) : *I will go = j'irai ; you will go = vous irez.* Quel temps forme-t-on avec l'auxiliaire *would* ?

À noter

Le **verbe *aller* suivi d'un verbe à l'infinitif** peut également exprimer le futur : *Le train pour Caen va partir !*

Je m'exerce

1 Dans chacune de ces listes, rayez le verbe qui n'est pas conjugué au futur.

1. je voudrais • je construirai • nous partirons **2.** vous courez • je voyagerai • ils sauront **3.** nous verrions • il détruira • je saurai **4.** vous prendriez • il mourra • vous penserez **5.** ils auront • tu devrais • nous nous assoirons

2 Conjuguez les verbes suivants au futur et à la personne indiquée.

1. payer (*je*) : ....
2. résoudre (*nous*) : ....
3. mouvoir (*vous*) : ....
4. naître (*il*) : ....
5. acquérir (*tu*) : ....
6. rire (*nous*) : ....
7. peindre (*elle*) : ....
8. haïr (*je*) : ....
9. créer (*nous*) : ....
10. croître (*tu*) : ....

3 Conjuguez les verbes entre parenthèses au futur de l'indicatif.

1. Le comte .... (*bafouer*) le père de Rodrigue. **2.** Le Cid .... (*vaincre*) le comte dans un duel et il le .... (*tuer*). **3.** La froideur de Chimène ne .... (*geler*) pas la passion de Rodrigue. **4.** Rodrigue et ses hommes .... (*devenir*) célèbres dans un combat contre les Mores. **5.** Les Sévillans .... (*appeler*) Rodrigue « Cid Campeador ».

4 Dites quel est l'emploi du futur dans les phrases suivantes.

1. L'an prochain, je rentrerai à l'université. → ....
2. Je prendrai un café long avec deux croissants, s'il vous plaît. → ....
3. Je baisserai les impôts une fois élu. → ....
4. Nous prendrons le train cet été plutôt que notre voiture. → ....

Je lis et je m'exprime

5 **Récitez un poème en vous appuyant sur les verbes au futur.**
Lisez attentivement ce poème de Rimbaud. Devant la classe, énoncez d'abord tous les verbes au futur présents dans le texte : vos camarades devront donner leur infinitif. Puis faites une lecture expressive du poème. Vous mettrez en valeur les émotions qu'il exprime.

Par les soirs bleus d'été, j'irai dans les sentiers,
Picoté par les blés, fouler l'herbe menue :
Rêveur, j'en sentirai la caresse à mes pieds.
Je laisserai le vent baigner ma tête nue.

Je ne parlerai pas, je ne penserai rien :
Mais l'amour infini me montera dans l'âme,
Et j'irai loin, bien loin, comme un bohémien,
Par la Nature, – heureux comme avec une femme.

Arthur Rimbaud, « Sensation », 1870.

6 **Complétez la strophe de cette chanson par deux lignes dans lesquelles quatre verbes seront conjugués au futur à la 1re personne du singulier ou du pluriel.**

« Ah, tu verras, tu verras ....

Tout recommencera, tu verras, tu verras » ....

7 **Lisez ce texte et répondez aux questions.**

Dans un pays en guerre, un couple a décidé de partir.

« C'est le moment de partir. Es-tu sûr qu'on trouvera des véhicules de l'autre côté du pont ?

– Tout à fait sûr…

– Où nous mèneront-ils ?

– On verra bien. Ce sera provisoire. Nous nous envolerons ensuite vers un pays lointain. […]

– Tant que nous serons ensemble… »

Andrée Chedid, *Le Message*, Flammarion, 2000.

a. Relevez les verbes au futur et leurs sujets, et classez-les dans le tableau suivant.

3e personne du singulier	1re personne du pluriel	3e personne du pluriel
....	....	....
....	....	....

b. Dans ce texte, quel pronom personnel sujet est le plus employé à la 3e personne du singulier ? Qui désigne-t-il ?

....

....

c. Que soulignent les verbes conjugués à la 1re personne du pluriel ?

....

8 **Réécriture.** **Ce texte est au passé simple et à l'imparfait : réécrivez-le au futur.**

Clara chérissait Nathanaël de toutes les forces de son âme ; leur séparation lui causa ses premiers chagrins. Avec quelle joie elle se jeta dans ses bras lorsqu'il revint à la maison paternelle […]. Le lendemain matin, tandis que Clara préparait le déjeuner, il vint se placer près d'elle.

E.T.A. Hoffmann, *L'Homme au sable* [1817], trad. de F.-A. Loève-Veimars, 1830.

....

....

....

....

....

....

....

9 **À vos plumes !**

Le couple du texte de l'exercice 7 poursuit sa conversation. Ils imaginent dans quel pays lointain ils iront et comment ils y vivront.
Rédigez votre texte au futur, en une quinzaine de lignes.

Compétences validées

	☹	😐	☺
J'ai écrit la suite du texte de l'exercice 7.			
La situation des personnages est respectée.			
J'ai respecté la présentation du dialogue.			
Les verbes sont presque tous conjugués au futur.			

20 Le conditionnel présent

Je retiens

Le conditionnel présent est un **temps simple**. Pour former le conditionnel présent, on emploie **le même radical qu'au futur** et on lui **ajoute les terminaisons de l'imparfait**, indiquées en rouge dans le tableau suivant.

je	tu	il/elle/on	nous	vous	ils/elles
lir-**ais**	lir-**ais**	lir-**ait**	lir-**ions**	lir-**iez**	lir-**aient**

trouver → *nous trouverons* (futur) → *nous trouverions* (conditionnel)

être → *je serai* (futur) → *je serais* (conditionnel)

Le conditionnel présent sert à exprimer :

- une **action future dans le passé** : *Il savait qu'elle **reviendrait** le lendemain* ;
- une **hypothèse** (notamment après un CC de condition), réalisable ou non : *Si c'était à refaire, je le **referais**. Si les poules avaient des dents, elles **auraient** des caries* ;
- un **désir qu'on pense réalisable** : *J'**aimerais** le revoir* ;
- une **demande polie** : ***Pourrais**-tu m'aider ?* ;
- un **conseil** : *Il **faudrait** que tu lises ce roman* ;
- une **information incertaine** : *Un fantôme **hanterait** ce lieu.*

Je m'exerce

À noter
Les **verbes qui changent de radical au futur** changent aussi de radical au conditionnel : *vouloir* → *il voudra* (futur) → *il voudrait* (conditionnel).

1 (★) **a. Indiquez l'infinitif des verbes suivants entre parenthèses.**

1. je jurais (……………………)
2. nous courrons (……………………)
3. il plaisait (……………………)
4. vous aboieriez (……………………)
5. ils peindraient (……………………)
6. ils étudieraient (……………………)
7. vous naîtriez (……………………)
8. tu haïras (……………………)
9. il créera (……………………)
10. nous conquerrions (……………………)

b. Soulignez ceux qui sont conjugués au conditionnel présent.

2 (★★) **Conjuguez les verbes entre parenthèses au conditionnel et à la personne qui convient.**

1. …………………… (*connaître*)-vous un certain David ? **2.** Un génie …………………… (*résoudre*) cette énigme. **3.** Les étangs …………………… (*geler*) s'il faisait assez froid.
4. Il expliqua qu'il …………………… (*payer*) ses dettes dans dix jours. **5.** Tu le …………………… (*secourir*) s'il demandait ton aide. **6.** Selon la rumeur, un chien infernal …………………… (*apparaître*) sur la lande.
7. Si on m'imposait cette loi, je m'y …………………… (*astreindre*).

3 (★★) **a. Associez les éléments suivants pour construire des phrases.**

1. Viendriez-vous •	• que Christelle refuserait de le voir. (……………………)
2. Julien savait •	• nous nous marierions le jour même ! (……………………)
3. Elle pensa alors •	• vous vous lanceriez dans cette aventure. (……………………)
4. Si vous aviez du temps, •	• qu'elle s'en souviendrait toute sa vie. (……………………)
5. Elle me dirait oui, •	• faire un peu de shopping ? (……………………)

b. Soulignez les verbes au conditionnel présent et indiquez leur emploi entre parenthèses.

4 Dites ce qu'exprime le conditionnel dans les phrases suivantes.

1. Vous devriez vous renseigner auprès du syndicat d'initiative avant d'organiser vos vacances. → ....

2. Des extraterrestres auraient envahi la tour Eiffel. → ....

3. Sauriez-vous réparer mon ordinateur ? → ....

4. Elle avait décidé qu'elle ne se rendrait pas au rendez-vous. → ....

5. Nous aimerions passer nos vacances dans les fjords norvégiens. → ....

Je lis et je m'exprime

5 Lisez ce texte et répondez aux questions.

Par jeu, Alphonse a passé une bague en diamants au doigt d'une statue, puis a oublié de la récupérer.

– Vous pourriez envoyer quelqu'un, lui dis-je[1].

– Bah ! mon domestique est resté à Ille[2] ; ceux-ci, je ne m'y fie guère. Douze cents francs de diamants ! cela pourrait en tenter plus d'un. D'ailleurs que penserait-on ici de ma distraction ? Ils se moqueraient trop de moi. Ils m'appelleraient le mari de la statue…

Prosper Mérimée, *La Vénus d'Ille*, 1837.

1. **Je** : le narrateur est un invité au mariage d'Alphonse.
2. **Ille** : petite ville où vit Alphonse.

a. Soulignez tous les verbes au conditionnel.

b. Quels sont les deux emplois du conditionnel ? Que fait Alphonse à la fin du texte ?

....

....

....

....

c. Qu'est-ce que cette attitude révèle sur le caractère d'Alphonse ?

....

....

6 Dictée préparée. Lisez attentivement ce texte et répondez aux questions.

Graziella reproche à son amoureux de perdre son temps à lire.

Dieu ! que n'ai-je donc autant d'esprit que ces feuilles de papier ? Je vous parlerais tout le jour, je vous dirais tout ce que vous me demanderiez, moi, et vous n'auriez pas même besoin d'user ainsi vos yeux et de brûler toute l'huile de votre lampe.

Alphonse de Lamartine, *Graziella*, 1852.

a. À quels temps les verbes de ce texte sont-ils conjugués ? Soulignez leurs sujets.

....

....

....

b. Quel est le temps le plus employé ? Qu'exprime-t-il ?

....

....

c. Écrivez ce texte sous la dictée de votre professeur.

7 À vos plumes !

Écrivez la suite du poème ci-dessous.

Vous garderez la même structure grammaticale, mais vous emploierez *nous* comme sujet. Vous inventerez des images nouvelles.

Compétences validées

	☹	😐	☺
J'ai employé *nous* comme sujet.			
J'ai utilisé la même structure grammaticale que Jean Tardieu.			
J'ai correctement conjugué les verbes.			

Si je savais écrire je saurais dessiner
Si j'avais un verre d'eau je le ferais geler
et je le conserverais sous verre

Si on me donnait une motte de beurre
je la ferais couler en bronze […]

Jean Tardieu, « Au conditionnel », *L'Accent grave et l'Accent aigu*, Gallimard, 1976.

21 Le subjonctif présent

Je retiens

Le subjonctif est un mode souvent **caractérisé par la présence de la conjonction *que***.
Pour former le subjonctif présent, on prend le **radical de la 3e personne du pluriel au présent de l'indicatif** et on lui ajoute les terminaisons indiquées en rouge dans le tableau suivant.

que je	que tu	qu'il/elle/on	que nous	que vous	qu'ils/elles
lis-**e**	lis-**es**	lis-**e**	lis-**ions**	lis-**iez**	lis-**ent**

danser → que je danse *finir → qu'il finisse* *vendre → que vous vendiez*

Attention ! **Certains verbes changent de radical** : *savoir* → ***que je sache*** *faire* → ***que je fasse***
prendre → ***que je prenne, que nous prenions*** *aller* → ***que j'aille, que nous allions*** *falloir* → ***qu'il faille***

Le subjonctif sert à exprimer une **action incertaine, souhaitée ou crainte**.

- Dans une proposition subordonnée, il suit certains verbes (*je veux que, il faut que...*) et conjonctions (*bien que, pour que...*) qui impliquent **un sentiment, une volonté ou un doute**.
- Dans une proposition indépendante, il est employé pour exprimer :
  - **le souhait** : *Qu'il se rétablisse vite.*
  - **l'ordre et la défense**, aux personnes où l'impératif n'existe pas : *Qu'il sorte. Qu'on ne lui parle pas.*
  - **l'exclamation** : *Que moi, j'aie à le supporter !*

Je m'exerce

1 **Complétez les pétales de chaque fleur en conjuguant le verbe au subjonctif présent et aux personnes indiquées.**

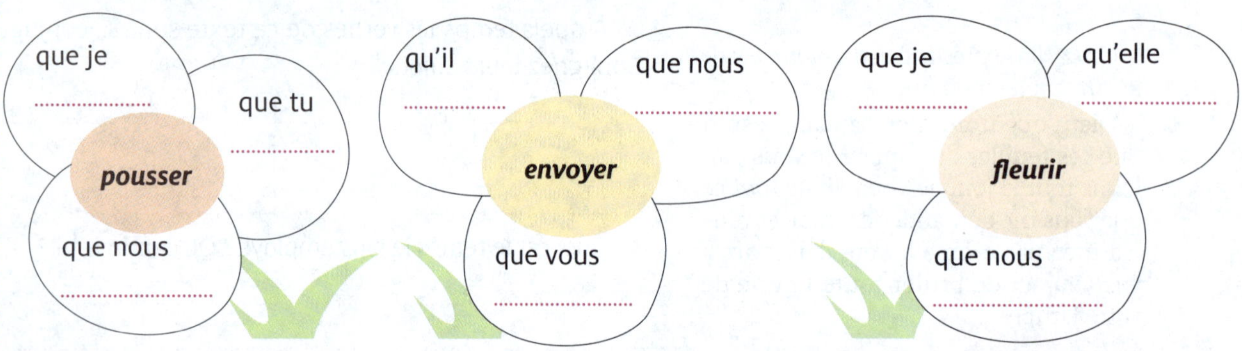

2 **Donnez l'infinitif des verbes suivants, qui sont conjugués au subjonctif présent.**

1. que tu croies : ....
2. que je fuie : ....
3. qu'ils cousent : ....
4. que tu résolves : ....
5. qu'il croisse : ....
6. que j'acquière : ....

À noter
Les verbes ***être*** et ***avoir*** ont des terminaisons particulières :
être → so**is**, so**is**, so**it**, so**yons**, so**yez**, so**ient** ;
avoir → ai**e**, ai**es**, ai**t**, a**yons**, a**yez**, ai**ent**.

3 **Indicatif présent ou subjonctif présent ? Conjuguez les verbes entre parenthèses au mode qui convient, en précisant le mode employé comme dans l'exemple.**

Exemple : *Je consens à ce que vous veniez (venir) à la maison.* → *subjonctif.*

1. Je pense que vous .... (*avoir*) raison. → .... **2.** Tu doutes qu'il te .... (*rendre*) ton affection. → .... **3.** Il est essentiel que vous .... (*être*) attentifs à sa santé. → .... **4.** Je crois que cet athlète .... (*être*) capable de décrocher une médaille. → .... **5.** Pour peu que vous le lui .... (*demander*), il viendra. → ....

4 **Conjuguez au subjonctif présent les verbes entre parenthèses.**

1. Il faut que tu (*savoir*) .... la vérité avant de prendre une décision.
2. Que je (*vouloir*) .... partir ne te regarde pas.
3. Préviens de l'heure de ton arrivée afin que nous (*pouvoir*) .... nous organiser.
4. Il est indispensable que vous (*faire*) .... des efforts réguliers.
5. Il faut que je (*prendre*) .... un taxi pour me rendre à la gare.
6. Qu'il (*aller*) .... au diable et nous (*laisser*) .... en paix !

Je lis et je m'exprime

5 **En groupes, donnez des ordres à la 3e personne.**

Répartissez-vous par groupes de trois. L'un(e) d'entre vous donnera à son ou sa camarade un ordre au subjonctif présent, à la 3e personne. Le ou la deuxième élève répétera cet ordre à l'impératif, à la 2e personne, au troisième membre du groupe. Puis échangez les rôles.

Exemple : – Que Florian sourie à Christiane. – Florian, souris à Christiane.

6 **Lisez ce texte et répondez aux questions.**

Clitandre dit à Henriette, sa fiancée, quelles qualités il attend d'une femme.

Et j'aime que souvent aux questions qu'on fait,
Elle sache ignorer les choses qu'elle sait ;
De son étude enfin je veux qu'elle se cache,
Et qu'elle ait du savoir sans vouloir qu'on le sache.

Molière, *Les Femmes savantes*, 1672.

a. Recopiez les verbes du texte et leurs sujets dans ce tableau.

Indicatif présent	Subjonctif présent
....	....
....	....

b. Quels verbes sont conjugués à la 1re personne du singulier ? Que nous apprennent-ils sur le caractère de Clitandre ? ....

....

7 **Dictée préparée. Lisez attentivement ce texte et répondez aux questions.**

Comme je suis désolée que tu puisses juger si sévèrement un petit mensonge ! Quelle idée, aussi, ai-je eue ? Tu ne m'as pas crue et tu avais raison. Il n'est pas possible que tu veuilles que nous nous séparions pour si peu ! Il n'est pas possible que tu aies tant de colère contre moi et que je sois si malheureuse !

a. Soulignez les verbes au subjonctif en bleu et leurs sujets en vert, puis expliquez leur emploi.

....

....

b. Les participes passés *eue* et *crue* sont au féminin : entourez les mots avec lesquels ils s'accordent.

c. Écrivez ce texte sous la dictée de votre professeur.

8 **À vos plumes !**

Henriette, la fiancée de Clitandre, refuse de faire semblant d'être ignorante pour lui plaire.

Rédigez la réplique qu'elle pourrait prononcer à la suite de l'extrait de l'exercice 6. En une dizaine de lignes et en prose, elle lui explique son refus. Employez au moins quatre verbes au subjonctif présent.

Compétences validées	☹	😐	☺
Je me suis inspiré(e) du texte de Molière.			
J'ai employé quatre verbes au subjonctif présent.			
Les arguments sont bien adaptés à la situation.			

22 Le passé simple de l'indicatif

Je retiens

Le passé simple est un temps simple de l'indicatif. Pour le former, on peut s'appuyer sur les **quatre formes** ***a***, ***in***, ***i***, ***u***. On ajoute les terminaisons suivantes au radical du présent.

L'infinitif se termine par

-er *chercher, marcher, nager...*	***-enir*** *tenir, venir, obtenir...*	**les autres lettres** *voir, lire, prendre...*	
a	**in**	**i**	**u**
je cherch-**ai**	je t-**ins**	je v-**is**	je l-**us**
tu cherch-**as**	tu t-**ins**	tu v-**is**	tu l-**us**
il/elle/on cherch-**a**	il/elle/on t-**int**	il/elle/on v-**it**	il/elle/on l-**ut**
nous cherch-**âmes**	nous t-**înmes**	nous v-**îmes**	nous l-**ûmes**
vous cherch-**âtes**	vous t-**întes**	vous v-**îtes**	vous l-**ûtes**
ils/elles cherch-**èrent**	ils/elles t-**inrent**	ils/elles v-**irent**	ils/elles l-**urent**

Attention ! Certains verbes courants ont un **radical différent** au passé simple.
être → ***je fus*** *avoir* → ***j'eus*** *devoir* → ***je dus*** *pouvoir* → ***je pus*** *savoir* → ***je sus*** *faire* → ***je fis***

Je m'exerce

Comparons nos langues
En espagnol, le verbe *ser* (*être*) à la première personne du passé simple se dit *fui*. Quel point commun avec le français remarquez-vous ?

1 Soulignez dans chacune de ces listes les verbes conjugués au passé simple.
1. était • fut • sera • furent • suis **2.** écrit • écrivit • écrivîmes • écrire
3. rougit • rougirent • rougîtes • rougîmes **4.** eut • ont • avaient • eurent

2 Conjuguez ces verbes à la troisième personne du singulier du passé simple.
palpiter : .... • s'interroger : .... • frémir : ....
• tétaniser : .... • venir : .... • rejoindre : .... • vouloir : ....

3 Conjuguez ces verbes au passé simple, à la personne indiquée, en reliant radical et terminaison.

agir : nous ag- • • -îmes
frissonner : elle frissonn- • • -întes
survenir : vous surv- • • -as
déranger : tu dérange- • • -a

Je lis et je m'exprime

4 Complétez le tableau suivant.

Infinitif présent	faire	....	....	....	aller	pouvoir	....	prendre
Indicatif présent	ils	je	j'essaie	tu	ils	nous	tu sais	vous ....
Indicatif passé simple	ils	ils eurent	j'..........	tu voulus	ils	nous	tu	vous ....

5 **Un(e) élève lit cette liste. Levez la main dès que vous entendez un passé simple et indiquez l'infinitif du verbe. Plusieurs réponses sont parfois possibles.**

je vois • je suis • je fus • j'eus • tu horrifias • tu apercevras • nous aperçûmes • vous fûtes • il entrevoyait • vous chancelez • vous résoudrez • tu résolus • il vit • je prévoyais • tu sursautas • ils entendront • il survécut • nous entendîmes • il appréhenda • tu eus • il est • j'ai • il alla

6 **Lisez le texte et répondez aux questions.**

Alors la bonne s'empara de l'assiette du petit et y versa une pleine cuillerée de soupe. Puis elle recula de deux pas et attendit.

Jean flaira, repoussa l'assiette et fit un «pouah» de dégoût. Céleste, devenue pâle, s'approcha brusquement, et, saisissant la cuiller, l'enfonça de force, toute pleine, dans la bouche entrouverte de l'enfant.

Guy de Maupassant, *Le Petit*, 1883.

a. Soulignez les verbes conjugués du texte et précisez leur temps, leur mode et leur personne.

....

....

....

b. Quel effet produit l'emploi de ce temps ?

....

....

....

7 **Complétez le texte en conjuguant au passé simple les verbes entre parenthèses.**

Oh ! non, je n'ose pas dire ce qui .... (*arriver*) [...]. Les bougies .... (*s'allumer*) toutes seules [...]. Ensuite une cafetière .... (*se jeter*) en bas d'une table où elle était posée, et .... (*se diriger*), clopin-clopant, vers le foyer, où elle .... (*se placer*) entre les tisons. Quelques instants après, les fauteuils .... (*commencer*) à s'ébranler, et, agitant leurs pieds tortillés d'une manière surprenante, ... (*venir*) se ranger autour de la cheminée.

Théophile Gautier, *La Cafetière*, 1831.

8 **Réécriture. Réécrivez le texte suivant en remplaçant les verbes au présent par des verbes au passé simple.**

Quand elle sort enfin de l'eau, les baigneurs frileux, enroulés dans leur serviette [...], se tiennent devant elle, la regardent passer sans rien dire, ébahis. Elle regagne son bout de sable en titubant. Le maître-nageur court vers elle, furieux.

Olivier Adam, *Je vais bien, ne t'en fais pas*, Dilettante, 2000.

....

....

....

....

....

....

....

9 **À vos plumes !**

Poursuivez ce récit en imaginant un élément perturbateur, au passé simple, en six lignes environ.

Je passais des vacances délicieuses en Bretagne, dans un gîte paisible, avec vue sur la mer. Loin de la ville, je savourais une sérénité absolue.

Compétences validées

	☹	😐	☺
J'ai employé le passé simple.			
J'ai employé la première personne du singulier.			
J'ai respecté la situation initiale.			

23

L'imparfait de l'indicatif

Je retiens

▶ Pour construire l'imparfait de l'indicatif, on prend **le radical du verbe au présent de l'indicatif, à la première personne du pluriel**, et on lui ajoute les terminaisons indiquées en rouge dans le tableau suivant.

je	tu	il/elle/on	nous	vous	ils/elles
lis-**ais**	lis-**ais**	lis-**ait**	lis-**ions**	lis-**iez**	lis-**aient**

présent du verbe *voir* : *nous voyons* → imparfait : *je voyais*

présent du verbe *prendre* : *nous prenons* → imparfait : *je prenais*

▶ Pour le **verbe *être***, on emploie le radical ***ét-*** : *j'**ét**ais, tu **ét**ais, il **ét**ait…*

Je m'exerce

1 ★ **Entourez les verbes conjugués à l'imparfait dans les listes suivantes.**

1. exigez • exigea • exigeais • exigerai • exigez
2. étais • étions • êtes • étaient • serez • fûtes
3. appréciez • appréciions • appréciaient • apprécierait
4. chérissais • chérirais • chérissions • chérissent • chérissons
5. plaisions • plairons • plaisiez • plairai • plairions

À noter
Attention à l'orthographe des **verbes en *-ier* et *-yer*** aux deux premières personnes du pluriel : *nous criions, vous criiez, nous nettoyions, vous nettoyiez.*

2 ★★ **Conjuguez les verbes suivants à l'imparfait et à la personne indiquée entre parenthèses.**

1. avoir (*nous*) : ....
2. rédiger (*tu*) : ....
3. trier (*nous*) : ....
4. croire (*nous*) : ....
5. prétendre (*je*) : ....
6. vouloir (*elles*) : ....
7. partager (*ils*) : ....
8. adorer (*vous*) : ....

3 ★★ **Complétez les verbes suivants avec les lettres proposées dans les étiquettes.**

G | GE | C | Ç

1. tu négli.....ais • vous négli.....iez • nous ven.....ions • je plon.....ais • ils ju.....aient
2. je m'avan.....ais • nous for.....ions • je per.....ais • vous pla.....iez • tu aga.....ais

À noter
Attention aux **verbes en *-ger* et *-cer***, dont l'orthographe change devant les lettres ***-i*** et ***-a*** : *je mangeais, nous mangions, il lançait, nous lancions.*

4 ★★ **Transposez chaque forme verbale à la personne du pluriel correspondante.**

1. Tu lançais de toutes tes forces .... la balle. **2.** Il s'épuisait .... car il était perfectionniste .... **3.** Je pliais .... chaque vêtement. **4.** Il nettoyait .... la cour et plantait .... régulièrement des fleurs. **5.** Elle négociait .... chaque proposition et prenait son temps .... avant de répondre. **6.** Tu n'oubliais .... jamais les anniversaires. **7.** Tu rédigeais ....de très beaux textes.

Je lis et je m'exprime

5 Lisez ces vers de Victor Hugo et répondez aux questions.

Elle avait pris ce pli dans son âge enfantin
De venir dans ma chambre un peu chaque matin ;
Je l'attendais ainsi qu'un rayon qu'on espère ;
Elle entrait, et disait : « Bonjour, mon petit père » ;
Prenait ma plume, ouvrait mes livres, s'asseyait
Sur mon lit, dérangeait mes papiers, et riait,
Puis soudain s'en allait comme un oiseau qui passe. [...]

Victor Hugo, « Elle avait pris ce pli... »,
Les Contemplations, 1856.

a. Soulignez les verbes à l'imparfait, puis précisez leur personne et leur infinitif.

....

....

....

....

....

....

b. Pourquoi Victor Hugo emploie-t-il l'imparfait et non le présent pour parler de cette petite fille ?

....

....

6 Écrivez à l'imparfait les verbes figurant entre parenthèses. Respectez les accords avec les sujets.

1. Mon ami et moi .... (*désirer*) voyager.

2. Elle .... (*aspirer*) à visiter New York et .... (*se documenter*) sur cette ville.

3. Chaque jour, chacun .... (*essayer*) de donner le meilleur de lui-même et .... (*se demander*) le soir si son objectif .... (*être*) atteint.

4. Tout le monde .... (*croire*) qu'il .... (*suffire*) d'être riche pour être heureux.

5. Tes parents et toi .... (*se rendre*) fréquemment à Paris ; qu'y .... (*faire*)-vous ?

Comparons nos langues

L'imparfait est utilisé en **français** (*j'avais*), en **italien** (*avevo*) et en **espagnol** (*había*). Citez une langue où l'imparfait n'existe pas.

7 Réécriture. Réécrivez ce texte à l'imparfait, en remplaçant *je* par *nous*.

Le lendemain je suis mené, muselé et enchaîné, à travers les rues de cette ville toujours aussi brouillonne, par un homme au physique de bourreau, glabre et épais. [...] Nous tournons en rond, repassant plusieurs fois aux mêmes carrefours. Le bourreau fait durer le plaisir, celui de me montrer à la foule qui, sur mon passage, produit toujours ces mêmes cris d'étonnement et d'admiration.

Joy Sorman, *La Peau de l'ours*,
Gallimard, 2014.

....

....

....

....

....

....

....

....

....

8 À vos plumes !

Rédigez une description de huit lignes pour proposer une suite à cette phrase.

Ce jour-là, nous nous étions rendus, mes amis et moi, dans un parc d'attractions très renommé...

Compétences validées

	☹	😐	☺
J'ai employé l'imparfait de l'indicatif.			
L'orthographe des verbes est respectée.			
Mon texte est une description.			

24

Employer le passé simple et l'imparfait

Je retiens

L'imparfait et le passé simple de l'indicatif sont utilisés dans des récits pour exprimer **des actions passées.** Ces deux **temps complémentaires** possèdent des emplois différents.

L'imparfait permet d'exprimer
- des actions non terminées (non bornées), **en cours de déroulement.**
- des **habitudes**, des actions qui se répètent.
- une **description.**

Ces « **actions d'arrière-plan** » ne font pas progresser l'action.
*Je **me promenais** tranquillement.*

Le passé simple permet d'exprimer
- des actions **terminées et limitées** dans le temps (bornées).

Ces « **actions de premier plan** » font progresser l'action.
*Soudain, un individu **saisit** mon sac.*

Je m'exerce

1 **Complétez le tableau suivant en relevant les verbes conjugués dans ce texte, en indiquant leur temps et en précisant leur emploi.**

Rico refusa de répondre aux questions des journalistes. En début d'après-midi, il fut le premier de leur petit groupe de traîne-misère à revenir à la station Ménilmontant. Le quai, direction Nation, où ils avaient l'habitude de se retrouver, était verrouillé.

Jean-Claude Izzo, *Le Soleil des mourants*, Flammarion, 2001.

Verbes	Temps	Emploi
refusa	*passé simple*	*premier plan*
....	....	....
....	....	....
....	....	....

2 **Complétez les verbes avec la terminaison du passé simple ou de l'imparfait qui convient.**

1. À l'époque, j'aim...... les promenades en mer.

2. J'emprunt...... systématiquement le bateau d'un ami.

3. Un jour, alors que je m'apprêt...... à filer, je décid...... de passer la nuit en mer.

3 **Conjuguez le verbe noté entre parenthèses au temps qui convient (passé simple ou imparfait).**

1. Chaque matin, avant de travailler, je .... (*courir*). **2.** Le ciel .... (*être*) très sombre, on n'........................ (*entendre*) pas un bruit, lorsque se .... (*se présenter*) devant moi un grand chat noir dont les yeux .... (*ressembler*) à deux billes couleur or.

4 **Transposez ce texte rédigé au présent en un texte rédigé au passé en utilisant les temps qui conviennent.**

Quand Flore s'éveille, elle éclate en sanglots. Elle se demande ce qui lui arrive et brusquement se souvient de son horrible cauchemar. Elle s'assure que tout, autour d'elle, est normal et que ce mauvais rêve n'a rien à voir avec la réalité.

....

....

....

Je lis et je m'exprime

5 Lisez le texte et répondez aux questions.

Un aveugle vit chez ses parents.

C'était un paysan, le fils d'un fermier normand. Tant que le père et la mère vécurent, on eut à peu près soin de lui ; il ne souffrit guère que de son horrible infirmité ; mais dès que les vieux furent partis, l'existence atroce commença. Recueilli par une sœur, tout le monde dans la ferme le traitait comme un gueux qui mange le pain des autres. À chaque repas, on lui reprochait la nourriture ; on l'appelait fainéant.

Guy de Maupassant, *L'Aveugle*, 1882.

a. Comment le personnage principal est-il traité par ses proches ? À quoi voit-on qu'il s'agit d'une habitude ?

....

....

....

....

b. Relevez les verbes au passé simple et justifiez leur emploi.

....

....

....

c. Que semble dénoncer le narrateur ? ....

....

6 a. Racontez un souvenir désagréable, au présent, en complétant les phrases suivantes.

Tous les dimanches, je ....

Mais aujourd'hui, alors que je ....

soudain ....

b. Réécrivez votre texte en employant imparfait et passé simple.

D'habitude, tous les dimanches, je ....

Mais ce dimanche-là, alors que je ....

soudain ....

7 Réécriture. Réécrivez ce texte en employant le passé simple et l'imparfait.

Jamal gare la voiture sur la place de l'Indépendance. Nous entrons dans notre café, celui où l'on vient tous les jours. [...] Nous saluons les visages que nous connaissons, puis nous nous asseyons.

Laurent Gaudé, *Eldorado*, Actes Sud, 2006.

....

....

....

....

....

....

8 À vos plumes !

En une dizaine de lignes, écrivez la suite de ce récit au passé, en conjuguant les verbes aux temps qui conviennent. Le narrateur sera un journaliste.

Aucune nouvelle n'arrivait à la rédaction, à part des faits divers sans intérêt, quand tomba une dépêche qui mit les journalistes en émoi…

Compétences validées

	☹	😐	☺
J'ai utilisé de façon pertinente le passé simple et l'imparfait.			
J'ai raconté un événement qui ne soit pas un simple fait divers.			
J'ai montré pourquoi cette nouvelle a surpris les journalistes.			

25 Les temps composés

Je retiens

À chaque temps simple (présent, imparfait…), correspond un **temps composé** formé ainsi :
auxiliaire (*avoir* ou *être*) au temps simple + participe passé du verbe

Temps composé	Temps de l'auxiliaire	Exemple
Passé composé	Présent	*Quand il **a terminé**, il s'en va.*
Plus-que-parfait	Imparfait	*Quand il **avait terminé**, il s'en allait.*
Passé antérieur	Passé simple	*Quand il **eut terminé**, il s'en alla.*
Futur antérieur	Futur	*Quand il **aura terminé**, il s'en ira.*
Conditionnel passé	Conditionnel présent	*S'il avait voulu s'en aller, il **aurait terminé**.*
Subjonctif passé	Subjonctif présent	*Il ne s'en va pas avant qu'il **ait terminé**.*

Les temps composés expriment :
- une **action accomplie**, vue comme achevée : *Il aura été heureux ;*
- une **action antérieure** à celle exprimée au temps simple correspondant.

↘ L'accord du participe passé, p. 86.

Je m'exerce

Comparons nos langues

En anglais, le *present perfect* est un temps composé : *to have* au présent simple + participe passé.
J'ai visité l'Irlande → *I have visited Ireland*. Conjuguez *to be* et *to go* au *present perfect*.

1 Indiquez l'infinitif et le temps des verbes suivants.

1. il eut répondu : .... **2.** j'avais voulu : .... **3.** nous aurons pris : .... **4.** elles ont participé : .... **5.** tu étais parvenue : .... **6.** vous auriez lu : .... **7.** que j'aie reconnu : .... **8.** nous avions conquis : ....

2 Complétez le tableau ci-dessous, selon l'exemple.

Temps simple	Verbe conjugué au temps simple	Temps composé	Verbe conjugué au temps composé
présent	*je comprends*	*passé composé*	*j'ai compris*
....	tu feras	....	....
....	nous entendrions	....	....
....	elle mit	....	....
....	j'allais	....	....
....	ils sont	....	....

3 Conjuguez les verbes au temps composé qui convient. Numérotez l'ordre des actions.

Exemple : Quand Pierre (finir) eut fini (1) de raconter son périple en Asie, tous voulaient (2) vivre aussi cette aventure.

1. Dès qu'il (*apercevoir*) .... (....) cette carafe d'eau vide, il croira (....) qu'une créature surnaturelle l'a bue. **2.** Tous les soirs, le propriétaire de cette grande maison (....) flânait le long de la Seine, quand il (*finir*) .... (....) de dîner. **3.** Je me souviens (....) encore aujourd'hui du discours que cette femme politique (*prononcer*) .... (....) avant d'être élue. **4.** Après des heures de recherche, Émilie se rappela (....) qu'elle (*poser*) .... (....) son portable dans le garage.

Je lis et je m'exprime

4 Complétez les phrases suivantes en utilisant des temps composés.

Avertissez-moi dès que…

Je te répondrai quand…

J'étais satisfait(e) lorsque…

À noter

Quelques verbes ont *être* comme auxiliaire : des **verbes de mouvement ou d'état** (*aller, venir, tomber, rester, mourir…*), ainsi que **tous les verbes pronominaux** (*se lever, se méfier…*).

5 Lisez le texte et répondez aux questions.

Resté seul, le petit enfant sans père se mit à courir vers les champs […]. Il voulait se noyer dans la rivière.

Il se rappelait en effet que, huit jours auparavant, un pauvre diable qui mendiait sa vie s'était jeté dans l'eau parce qu'il n'avait plus d'argent […] ; le triste bonhomme, qui lui semblait ordinairement lamentable, malpropre et laid, l'avait alors frappé par son air tranquille.

Guy de Maupassant, *Le Papa de Simon*, 1879.

a. Quelle décision prouve le désespoir du petit garçon ? Quelle expression peut en donner la raison ?

……………………………………………………

……………………………………………………

……………………………………………………

b. Quelle expression annonce un retour en arrière ?

……………………………………………………

……………………………………………………

c. À quel temps les verbes soulignés sont-ils conjugués ? Quel événement décrivent-ils ?

……………………………………………………

6 Réécrivez la phrase suivante en utilisant le temps indiqué.

Il appelle ses parents dès qu'il a les résultats de son examen.

1. (*Futur*) : ……………………………………………………

2. (*Passé simple*) : ……………………………………………………

7 Complétez les phrases suivantes en exprimant un fait antérieur.

1. Les spationautes partiront dès que ……………………………………………………

2. Ce chat ronronne toujours après que ……………………………………………………

3. Sarah lui annonça la nouvelle quand ……………………………………………………

4. Il aimait discuter avec ce journaliste qui ……………………………………………………

8 Réécriture. Réécrivez ce texte en conjuguant les verbes au plus-que-parfait quand cela est possible.

Les enfants étaient stupéfaits par cette chose extraordinaire, impossible, monstrueuse, – un garçon qui n'a pas de papa ; – ils le regardaient comme un phénomène, un être hors de la nature, et ils sentaient grandir en eux ce mépris, inexpliqué jusque-là, de leurs mères pour la Blanchotte.

Guy de Maupassant, *Le Papa de Simon*, 1879.

……………………………………………………

……………………………………………………

……………………………………………………

……………………………………………………

……………………………………………………

……………………………………………………

……………………………………………………

9 À vos plumes !

Rédigez un souvenir.

Imaginez que vous retrouvez une photographie d'une personne qui a été importante pour vous. Décrivez la photographie, puis évoquez un souvenir marquant avec cette personne grâce à un retour en arrière.

Compétences validées

	☹	😐	☺
J'ai décrit la photographie.			
J'ai inséré un retour en arrière.			
J'ai raconté le souvenir aux temps composés.			
J'ai exprimé les sentiments ressentis.			

26 Actif et passif

Je retiens

L'**actif** indique que **le sujet accomplit l'action** exprimée par le verbe.
↓
Le verbe peut être suivi d'un **complément d'objet direct** (ou complément du verbe).

Le **passif** indique que **le sujet subit l'action** exprimée par le verbe.
↓
L'action est accomplie par un **complément d'agent** introduit par *de* ou *par*.

*Des fantômes hantent **ce château**.*
Sujet (il agit) COD

***Ce château** est hanté par des fantômes.*
Sujet (il subit) Complément d'agent

On construit un verbe au passif ainsi : **auxiliaire *être*** au temps et mode voulu + **participe passé**.
On repère donc le temps et le mode en observant l'auxiliaire : *nous **avions été** surpris* (indicatif plus-que-parfait).

Je m'exerce

À noter
Si on ne sait pas qui accomplit l'action : au passif, il n'y a **pas de complément d'agent**, à l'actif, on utilise le **pronom personnel *on***.
On a volé le tableau. → *Le tableau a été volé.*

1 Soulignez les verbes à l'actif et entourez ceux au passif.
il était connu • tu lisais • il avait repéré • je serai appelé • ils avaient été inscrits • nous sommes allés • tu as été prévenu • il eut décoré • vous étiez venus • elles ont pris • vous eûtes été décoré • elle s'est promenée

2 Complétez le tableau selon l'exemple.

Infinitif	Temps de l'indicatif	Actif	Passif
informer	*présent*	*tu informes*	*tu es informé(e)*
....	....	nous avons écouté	....
....	....	....	je fus servi(e)
....	....	....	vous aviez été contacté(e)s
encourager	futur	elle	....
....	....	nous redoutions	....

3 Transformez les phrases suivantes en mettant les verbes à l'actif.

1. Une campagne de sensibilisation a été diffusée par la presse. → ....

2. Ces derniers temps, plusieurs vampires auraient été aperçus par les villageois. → ....

3. Des bijoux exceptionnels ont été dérobés chez ce bijoutier. → ....

4. Les spectateurs avaient été émus par la voix cristalline de la cantatrice. → ....

5. Les fausses nouvelles sont régulièrement relayées par les réseaux sociaux. → ....

6. Roméo fut subjugué par la beauté et la délicatesse de Juliette. → ....

Je lis et je m'exprime

4 Lisez le texte suivant et répondez aux questions.

> Nous **fîmes** cercle et, par-dessus la tête de miss Cathy, j'**aperçus** un enfant malpropre, déguenillé, aux cheveux noirs […]; je ne **fis** pas preuve de plus de bon sens en le mettant sur le palier de l'escalier […]. Une enquête fut ouverte pour savoir comment il était arrivé là : je fus obligée de faire des aveux et, en récompense de ma poltronnerie et de mon inhumanité, je fus renvoyée de la maison.
>
> Emily Brontë, *Les Hauts de Hurle-Vent* [1847], trad. de F. Delebecque, 1925.

a. Qui raconte, un homme ou une femme ? ……

b. Indiquez le temps des verbes en gras et dites s'ils sont au passif ou à l'actif. Quelle est la réaction du narrateur face à l'enfant ? Pour quelle raison ?

……

c. Indiquez le temps des formes verbales soulignées. Dites si elles sont au passif ou à l'actif, et justifiez cet emploi.

……

5 Les phrases suivantes ne contiennent pas de verbes. Réécrivez-les avec des verbes au passif et au temps indiqué entre parenthèses.

1. Sauvetage de naufragés en mer Méditerranée (*plus-que-parfait*). → ……

2. Création d'une association sportive dans le quartier (*passé composé*). → ……

3. Inauguration du musée archéologique en septembre prochain (*futur*). → ……

4. Découverte d'une nouvelle espèce de batraciens en Amazonie (*imparfait*). → ……

6 Réécriture. Entourez les verbes au passif, puis réécrivez ce texte au passé composé.

> Mais quand les enfants eurent la rougeole, que je dus les soigner et assumer tout d'un coup les devoirs d'une femme, mes idées changèrent. Heathcliff fut atteint dangereusement. […] Il triompha de la maladie : le docteur affirma que c'était dans une large mesure grâce à moi et me félicita de mes soins. Je fus flattée de ces éloges.
>
> Emily Brontë, *Les Hauts de Hurle-Vent* [1847], trad. de F. Delebecque, 1925.

……

7 À vos plumes !

Imaginez que vous avez gagné un concours : vous êtes invité(e) à assister en VIP à un concert, une cérémonie prestigieuse, une compétition de haut niveau…
Racontez cette expérience, la manière agréable dont vous êtes traité(e) et pris(e) en charge. Exprimez les sentiments ressentis.

Compétences validées

	☹	😐	☺
J'ai employé au moins six verbes au passif.			
J'ai décrit le cadre de l'événement.			
J'ai suivi l'ordre chronologique dans mon récit.			
J'ai exprimé des sentiments variés.			

27 Les verbes pronominaux

Je retiens

- Les **verbes pronominaux** sont accompagnés d'un pronom renvoyant à la **même personne que le sujet**. On l'appelle le pronom réfléchi : *Je **me** fais peur pour rien.*
- On distingue **quatre catégories de verbes pronominaux**.

Verbes de sens réfléchi →	*Paul se regarde dans le miroir.* Le sujet fait l'action sur lui-même.
Verbes de sens réciproque →	*Arthur et Lila se donnent la main.* Le sujet représente plusieurs personnes qui exercent une action les unes sur les autres.
Verbes de sens passif →	*Ce produit se vend bien (= Il est bien vendu).* Le sujet subit l'action : on peut remplacer le verbe par sa forme passive.
Verbes essentiellement pronominaux →	*Sarah s'est évanouie. Je me doute bien.* Ces verbes n'existent avec ce sens qu'à la forme pronominale.

- Aux **temps composés**, tous les verbes pronominaux se conjuguent avec l'auxiliaire ***être***.

Je m'exerce

1 ★ **Soulignez uniquement les verbes à la forme pronominale.**

1. Cette méthode nous permet de trouver la bonne solution. **2.** Nous nous permettons parfois de ne pas respecter toutes les règles de ce jeu. **3.** Vos parents vous ont longtemps caché ce secret de famille. **4.** Autrefois, vous vous cachiez souvent au fond de ce bosquet. **5.** Je me rappelle les bons souvenirs de mon enfance. **6.** Cette sonnerie me rappelle toujours celle de mon ancienne école.

Comparons nos langues

En anglais, le pronom est placé après le verbe et indique le sens réfléchi (*I enjoyed myself*) ou réciproque (*We respect each other*). Comment dit-on *Nous nous parlons* en anglais ?

2 ★★ **Reliez chaque verbe pronominal à la catégorie à laquelle il appartient.**

1. Ils se sont enfin parlé après des années de silence. •
2. Nous nous offrons un peu de repos. •
3. Une nouvelle boutique s'est ouverte dans ce quartier. •
4. Marie s'était absentée quelques jours. •
5. Le prisonnier s'est évadé de sa cellule. •
6. Ils se sont promis de remporter le match en double. •

- • sens réfléchi
- • sens réciproque
- • sens passif
- • essentiellement pronominal

3 ★★ **Certains verbes changent de sens quand ils sont à la forme pronominale. Donnez un synonyme pour chacun de ces verbes.**

1. apercevoir : .... / s'apercevoir : ....
2. entendre : .... / s'entendre (avec) : ....
3. mettre : .... / se mettre (à) : ....
4. défier : .... / se défier (de) : ....

À noter

Pour les verbes de sens réfléchi et réciproque, le participe passé s'accorde avec le sujet **uniquement si le pronom réfléchi est COD**. *Ils se* (COD) *sont croisés dans la rue. Ils se* (COI) *sont téléphoné.*

4 ★★ **Indiquez si le verbe *se voir* a un sens réfléchi, réciproque ou passif.**

1. Ces vieux amis se voient chaque année à Noël. → ....
2. Cette rayure sur la portière se voit uniquement de près. → ....
3. Élise se voit comme une jeune fille pleine de projets et d'envies. → ....

Je lis et je m'exprime

5 **Lisez le texte suivant et répondez aux questions.**

Après leur dernière rupture, Steph avait cherché à la retrouver, mais le souhaitait-elle aussi ? Il se l'était sans doute demandé et ne le savait pas encore. Ils s'aimaient depuis l'enfance ; dans le tumulte et la passion, mais au-delà de toute mesure. [...] Ils s'étaient un jour promis de ne pas disparaître sans s'être retrouvés. [...] Ils se sentaient plus vivants, plus invulnérables grâce à ce serment.

Andrée Chedid, *Le Message*, Flammarion, 2000.

a. Quels personnages repérez-vous dans cet extrait ? Justifiez votre réponse. ....

b. À quelle catégorie appartiennent les verbes pronominaux soulignés ? Quelle relation entre les personnages mettent-ils en valeur ? ....

c. Relevez deux verbes pronominaux en plus des verbes soulignés. Indiquez leur catégorie.
....

d. Relevez un verbe employé sous sa forme simple et sous sa forme pronominale. Quelle différence de sens remarquez-vous ? ....

6 **Remplacez les verbes soulignés par un verbe pronominal de même sens et au même temps.**

1. Ces deux amis ont juré de toujours s'entraider. → ....

2. Sara et Tom déambulaient. → ....

3. Marion essaie de retenir par cœur ce long poème de Victor Hugo. → ....

7 **Pour chaque verbe pronominal, rédigez deux phrases en respectant les catégories indiquées.**

1. ***se donner*** : sens réfléchi → ....
sens réciproque → ....

2. ***se poser*** : sens réfléchi → ....
sens passif → ....

3. ***s'écrire*** : sens réciproque → ....
sens passif → ....

8 **À vos plumes !**

Deux personnes qui se sont liées d'amitié lors d'un voyage décident de se revoir et de se remémorer les bons moments passés ensemble.
Racontez leurs retrouvailles en une dizaine de lignes. Employez au moins cinq verbes pronominaux.

Compétences validées

	☹	😐	☺
J'ai utilisé au moins cinq verbes pronominaux.			
J'ai vérifié l'accord des participes passés.			
J'ai raconté des souvenirs marquants.			

ÉVALUATION

Je fais le point sur mes connaissances

1 Complétez la terminaison de ces verbes au présent de l'indicatif, puis indiquez leur emploi.

- Nous errions dans la brume, quand soudain une forme blanche apparaî... → ....
- Je me souvien..... encore de ma frayeur. → ....
- L'esprit humain possèd..... une grande capacité d'imagination. → ....
- Tous les soirs de pleine lune, je frémi..... → ....

.... /4

2 Dans chaque liste, barrez l'intrus et justifiez votre choix.

1. je pensais, nous accordions, elles courraient : ....
2. je lis, nous prîmes, tu conduisis : ....
3. il craignait, je comptai, je quittais : ....
4. tu dises, tu fasses, tu agis : ....
5. il s'occupera, je recevrais, vous partirez : ....
6. nous fûmes jugés, il est allé, nous serions conquis : ....

.... /3

3 Conjuguez les verbes au temps qui convient : imparfait ou passé simple.

Chaque nuit le docteur Jekyll .... (*effectuer*) des essais, il .... (*se passionner*) pour ses recherches. Une certaine nuit, il .... (*mélanger*) divers éléments dans un verre et les .... (*regarder*) bouillir. Puis il .... (*rassembler*) son courage et .... (*boire*).

.... /3

4 a. Indiquez l'infinitif, le mode et le temps de ces verbes.

- je saurais : ....
- qu'il fasse : ....
- partez : ....
- ils préviendraient : ....
- il obtint : ....
- tu craindras : ....

.... /3

b. Conjuguez-les aux temps composés correspondant à leur temps simple, à la même personne.

....

.... /3

5 Transformez les phrases à l'actif en les mettant au passif, et inversement.

1. *Frankenstein* fut écrit par Mary Shelley. ....
2. Frankenstein a créé un monstre. ....
3. Ce monstre commet des meurtres. ....
4. Cette histoire sera publiée. ....

.... /2

6 Reliez chaque verbe pronominal à sa catégorie.

Romuald se méfie. •	• sens réfléchi
Elles se reverront. •	• sens réciproque
Un magasin s'est ouvert. •	• sens passif
Tu te fatigues. •	• essentiellement pronominal

.... /2

Total .... /20

Comptez vos points

Comptez 1 point par bonne réponse.

Vous avez 15 à 20 points : Bravo ! Ces notions n'ont plus de secrets pour vous !

Vous avez 11 à 14 points : Vous y êtes presque ! Encore quelques efforts et vous deviendrez incollable.

Vous avez 8 à 10 points : Vous êtes sur la bonne voie ! Relisez les pages 42 à 65 puis recommencez les exercices.

Vous avez 0 à 7 points : Relisez les pages 42 à 65. Pour comprendre vos erreurs, discutez-en avec votre professeur.

Je fais le point sur mes compétences

7 Lisez le texte et répondez aux questions.

Le lendemain, je me rendis chez les Chouquet. Ils achevaient de déjeuner, en face l'un de l'autre, gros et rouges, fleurant les produits pharmaceutiques, importants et satisfaits. [...]

Dès qu'il eut compris qu'il avait été aimé de cette vagabonde, de cette rempailleuse[1], de cette rouleuse, Chouquet bondit d'indignation, comme si elle lui avait volé sa réputation, l'estime des honnêtes gens, son honneur intime, quelque chose de délicat qui lui était plus cher que la vie. [...] Il s'était levé ; il marchait à grands pas derrière la table, le bonnet grec chaviré sur une oreille. Il balbutiait : « Comprend-on ça, docteur ? Voilà de ces choses horribles pour un homme ! Que faire ? Oh ! Si je l'avais su de son vivant, je l'aurais fait arrêter par la gendarmerie et flanquer en prison. Et elle n'en serait pas sortie, je vous en réponds ! »

Guy de Maupassant, *La Rempailleuse*, 1882.

1. **Rempailleuse** : réparatrice de chaises, métier souvent exercé par les vagabonds.

a. Dans la partie surlignée, indiquez les temps des verbes conjugués et justifiez l'emploi de ces temps.

....

....

b. Dans la partie en gras, quels temps composés sont utilisés à l'actif ? ....

....

c. Relevez un verbe au plus-que-parfait passif. ....

d. « Il s'était levé » : quels sont le temps et la catégorie de ce verbe pronominal ? ....

....

e. Soulignez les verbes au conditionnel et expliquez leur emploi. ....

8 Dictée préparée. Relisez attentivement le deuxième paragraphe et répondez aux questions, puis écrivez ce paragraphe sous la dictée de votre professeur.

a. Relevez deux verbes au présent de l'indicatif. Quel est leur point commun ? ....

....

b. Quels sont les déterminants démonstratifs employés dans ce paragraphe ? ....

....

c. Quels sont les déterminants possessifs employés dans ce paragraphe ? ....

....

d. Dans les verbes « elle lui avait volé » et « elle n'en serait pas sortie », justifiez l'accord des participes passés.

....

....

9 À vos plumes ! Rédigez un paragraphe qui racontera la suite de cette scène.
Comment le narrateur explique-t-il la passion de cette femme pour Chouquet ? Pour quelle raison est-il venu faire cette révélation ? Qu'est-il arrivé à cette femme ? Vous devrez effectuer un retour en arrière et insérer un futur dans le passé.

Compétences validées

	☹	😐	☺
Maîtriser le fonctionnement du verbe et son orthographe.			
Maîtriser la morphologie verbale écrite.			
Identifier les verbes pronominaux.			
Mettre en évidence le lien entre le temps employé et le sens.			

28 Les registres de langue

Je retiens

Selon la situation de communication et son destinataire, on peut employer trois registres de langue.

Le langage familier	Le langage courant	Le langage soutenu
À l'oral, avec des personnes très proches : grammaire non respectée, vocabulaire relâché. *Elle est complètement déglinguée, cette baraque !*	**À l'oral et à l'écrit dans la vie quotidienne** : grammaire respectée, vocabulaire simple et correct. *Cette maison est en mauvais état.*	**À l'écrit** : grammaire respectée, syntaxe complexe, vocabulaire recherché. *Cette demeure n'a pas résisté aux outrages du temps.*

Je m'exerce

Comparons nos langues

En anglais, on distingue deux registres de langue : ***colloquial*** (familier) et ***formal***. Quel mot français pouvez-vous rapprocher de *formal* ? Donnez son sens.

1 Cochez la case correspondant au registre de langue de cette phrase.

	Familier	Courant	Soutenu
1. J'ai pensé que tu serais d'accord.	☐	☐	☐
2. Je songeais que vous acquiesceriez sans nulle hésitation.	☐	☐	☐
3. C'était trop cool !	☐	☐	☐
4. Nous passâmes une succulente journée en votre compagnie.	☐	☐	☐
5. Le type, il a cru que c'était la fête et qu'il pouvait entrer chez moi et se servir dans le frigo ; quel boulet !	☐	☐	☐

2 Placez les mots suivants dans le tableau, puis complétez celui-ci avec des équivalents dans les autres registres de langue. Aidez-vous d'un dictionnaire.

bouquin • prison • mourir • plaisanterie • différend • travailler • désuet

Familier	Courant	Soutenu
....	....	....
....	....	....
....	....	....
....	....	....
....	....	....
....	....	....
....	....	....

3 Réécrivez les phrases de manière à ce qu'elles soient rédigées en langage courant ou soutenu.

1. J'ai pas le temps de terminer cette lecture aujourd'hui. .... **2.** T'aurais pas un stylo plume, j'trouve plus le mien ? .... **3.** Y aurait pas un moyen de sortir de cette baraque ? .... **4.** On y va quand en vacances ? T'es pas pressé toi ? .... **5.** Faut pas qu'on bouge de Paris pour l'instant ! ....

Je lis et je m'exprime

4 Lisez le texte et répondez aux questions.

Aux premiers jours du printemps, Bérengère et Vincent déposent leur liste de mariage. [...] Comment lui dire qu'il s'en tape, qu'il s'en balance, qu'il s'en bat les flancs de ses petites cuillères et de ses assiettes à fromage ?

– Je t'embête ?

– Mais non ! [...]

Il est tellement lassé de discuter, il s'en fiche tellement au fond, qu'il la laisse choisir.

Blandine Le Callet, *Une pièce montée*, Stock, 2006.

a. Qu'est-ce que les personnages s'apprêtent à faire dans les mois qui viennent ?

....

....

b. Dans quel état d'esprit Vincent se trouve-t-il ? Quels sont les mots qui traduisent cet état d'esprit ?

....

....

....

....

c. À quel registre de langue ces mots appartiennent-ils ? Pourquoi avoir utilisé ce registre de langue ?

....

....

5 Ces phrases appartiennent au registre de langue soutenu. Transposez-les dans un langage courant, en vous aidant d'un dictionnaire.

1. Cet énergumène m'indispose. → ....

2. Cet homme est infâme ! Ce qu'il a commis est une ignominie ! → ....

....

3. L'opprobre frappe les scélérats. → ....

4. En proie à ses chimères, il croit que sa défunte épouse ressurgira de la tombe. → ....

....

6 Réécriture. Réécrivez ce texte en langage courant.

Ils sont là, les flics, tout autour de moi ; à me lancer des regards vachards [...]. « Vieux Léon, qu'ils braillent, dis-nous tout, t'es le seul à avoir tout vu... » [...] Au début, ça y allait, les beignes, les coups de pied, les engueulades, puis Gabelou a dit à ses sbires : « Foutez la paix au Vieux Léon, vaut mieux le ménager, après tout, c'est le seul témoin... » Tout le monde s'est marré.

Thierry Jonquet, *La Bête et la Belle*, Gallimard, 2004.

....

....

....

....

....

....

....

....

7 À vos plumes !

Tout juste réveillé d'un sommeil de plusieurs siècles, le comte Dracula rencontre un(e) adolescent(e). Désorienté, il lui demande de lui indiquer le lieu et l'époque où il se trouve. Rédigez leur dialogue en lui donnant un ton humoristique. Le comte Dracula utilisera un registre de langue soutenu, tandis que l'adolescent(e) emploiera un registre de langue familier.

Compétences validées	☹	😐	☺
Les répliques s'enchaînent avec cohérence.			
Mon dialogue est humoristique.			
J'ai utilisé un registre de langue soutenu pour le vampire.			
J'ai utilisé un registre de langue familier pour l'adolescent(e).			

29 La situation d'énonciation

Je retiens

- Une personne qu'on appelle l'**énonciateur** adresse un message oral ou écrit à une seconde personne qu'on appelle **le destinataire**. Ce message est **un énoncé**.
- **La situation d'énonciation** correspond au contexte dans lequel s'inscrit cet énoncé. Il est important de la connaître pour **interpréter ou écrire un texte.**
  Pour définir une situation d'énonciation, on cherche des indices afin de répondre aux questions suivantes.

Qui parle ? À qui ?	Quand ?	Où ?	De quoi ?
Emploi des 1re et 2e personnes (*je, tu, nous, vous*), ou de la **3e personne** (*il, elles...*) ?	Quels sont **les indicateurs de temps** (*hier, demain...*) **et le temps utilisé** ?	Quels sont les **indicateurs de lieu** (*ici, à la maison...*) ?	Quel est **le message** ?

- Certains énoncés (dialogues, lettres, répliques de théâtre...) ne peuvent pas être pleinement compris si on ne connaît pas la situation d'énonciation. **Ils se définissent par rapport à la situation d'énonciation.**
  Il faut préciser la situation d'énonciation grâce au paratexte ou au reste du texte (récit, didascalies...).

Je m'exerce

1 Reliez ces énoncés à leur situation d'énonciation.

1. « Tu as encore utilisé, ce matin, ma tasse préférée ! » •
2. « Nous vous invitons ce mardi à l'inauguration de notre nouvelle boutique. » •
3. « À très bientôt, grosses bises ! » •
4. « Messieurs, il faut dès maintenant parer à cette catastrophe écologique. » •

- • Une bijouterie envoie une carte d'invitation à ses clients.
- • Un responsable politique s'adresse à d'autres décideurs.
- • Deux sœurs se disputent.
- • Une personne écrit à un de ses amis.

2 Soulignez cinq différences entre l'énoncé 1 et l'énoncé 2.

1. Le 23 février 2017, un peu avant midi, des chars fleuris circulèrent dans la ville, car c'était le début du carnaval. Kévin était sorti pour les applaudir.

2. Aujourd'hui, un peu avant midi, des chars fleuris ont circulé dans la ville, car c'est le début du carnaval. Je suis sorti pour les applaudir.

3 Lisez ce texte et remplissez le schéma ci-dessous présentant sa situation d'énonciation.

Camille et son cousin se retrouvent près d'une fontaine.

CAMILLE

Bonjour, cousin ; j'ai cru m'apercevoir, à tort ou à raison, que vous me quittiez tristement ce matin. Vous m'avez pris la main malgré moi, je viens vous demander de me donner la vôtre. Je vous ai refusé un baiser, le voilà.

Alfred de Musset, *On ne badine pas avec l'amour*, 1834.

Qui parle ? .... → À qui ? ....

De quoi ? (résumé) : ....

....

Où ? ....

Quand ? ....

Je lis et je m'exprime

4 **Par groupes de trois élèves, créez un dialogue d'après une situation d'énonciation inventée.**
Notez sur des papiers des noms de personnages, des lieux et des époques. Piochez au hasard au moins deux personnages, un lieu et une époque, puis inventez une situation d'énonciation selon l'exemple ci-dessous. Improvisez ensuite un court dialogue qui y correspond.

Exemple : *Le Horla parle à Juliette dans l'espace à l'époque de la Révolution.*

5 **Lisez ce texte et répondez aux questions.**

[Mathilde] ôta ses vêtements [...]. Mais soudain elle poussa un cri. Elle n'avait plus sa rivière[1] autour du cou !
Son mari, à moitié dévêtu, déjà, demanda :
« Qu'est-ce que tu as ? »
Elle se tourna vers lui, affolée :
« J'ai... j'ai... je n'ai plus la rivière de Mme Forestier. » [...]
Il demandait :
« Tu es sûre que tu l'avais encore en quittant le bal ?
– Oui, je l'ai touchée dans le vestibule du ministère. »

Guy de Maupassant, *La Parure*, 1884.

1. **Rivière** : collier de diamants.

a. Si on ne connaît pas la situation d'énonciation, sait-on de qui parle :
– la phrase en gras ? ....
– la phrase soulignée ? ....

b. Laquelle de ces phrases appartient au dialogue et laquelle au récit ?
....
....

c. Soulignez une autre phrase que l'on ne peut pas comprendre complètement sans connaître la situation d'énonciation.

6 **Réécriture. Réécrivez ce texte à la première personne et au présent d'énonciation. Faites tous les changements nécessaires.**

Ce matin-là, il se réveilla de bonne humeur. En effet, la veille, il avait reçu un coup de fil de son camarade Bruno, qui l'avait averti qu'il reviendrait le voir ce jour-là.

....
....
....
....

7 **Transformez ces phrases en dialogues.**

1. Monsieur Augustin demanda à sa femme si elle était sûre de vouloir prendre la route le lendemain. Elle explique qu'elle n'avait pas le choix. ....
....

2. L'aubergiste lui demanda son vrai nom. Elle répondit qu'elle se nommait Élisabeth Rousset.
....

3. Il précisa que l'officier voulait lui parler deux minutes plus tard. Elle répliqua qu'elle n'irait pas.
....

8 **À vos plumes !**

Dans une lettre, Mathilde Loisel avoue à Mme Forestier qu'elle a perdu la rivière de diamants.
Écrivez cette lettre à la première personne du singulier et au passé composé.
Vous soulignerez les indices d'énonciation.

Compétences validées

	☹	😐	☺
J'ai respecté les codes de la lettre.			
J'ai employé la première personne et le passé composé.			
J'ai bien identifié les indices d'énonciation.			

30 Les paroles rapportées : le discours direct

Je retiens

Dans un roman ou une nouvelle, le narrateur peut interrompre son récit pour rapporter **des paroles telles qu'elles ont été prononcées**. Il s'agit alors de **discours direct**.

Discours direct
Il lui demanda : « As-tu appelé tes parents ce matin ? »

Verbes de parole introduisant les paroles rapportées.	Ponctuation spécifique : **deux-points :**, **guillemets « »**, **tirets –**.	Verbes souvent conjugués au **passé composé, présent et futur**.	Pronoms personnels **1re, 2e ou 3e personnes**.	Souvent, indicateurs qui **renvoient à la situation d'énonciation** : *aujourd'hui, ce matin, ici*.

Je m'exerce

1 ★ **a. Soulignez les phrases qui sont au discours direct et entourez les verbes de parole qui les introduisent.**

1. « Je ne m'attendais pas à vous voir », murmura-t-elle. **2.** Ses camarades se moquèrent : « Tu t'es encore trompé. » **3.** L'accusé répliqua que les insinuations de l'avocat étaient odieuses. **4.** Une dame âgée m'a demandé si je pouvais l'aider à traverser. **5.** « Maman, dit Gabriel, je n'ai plus faim. »

b. Où se trouvent les verbes de parole ?

....

....

2 ★★ **Remplacez le verbe *dire* par un synonyme plus précis.**

1. Il dit .... fièrement : « C'est moi qui ai couru le plus vite ! »

2. L'inspecteur de police lui dit .... : « Où étiez-vous hier soir entre 20 heures et 22 heures ? »

3. Le mari de la victime dit .... : « J'étais au restaurant avec des collègues de travail. »

4. Le président dit .... officiellement : « La moitié du personnel ne pourra pas être gardée. »

3 ★★ **Retrouvez à quelles répliques correspondent les propositions suivantes et placez-les soit avant les paroles rapportées, soit en incise. Modifiez la ponctuation si nécessaire.**

s'écria-t-elle • ordonna son père • supplia Jean • se plaignit le soldat • La jeune fille assura

1. « Je n'ai rien dit à mes parents ! »

....

2. « C'est injuste ! »

....

3. « S'il vous plaît, laissez-moi partir ! »

....

4. « Monte dans ta chambre ! »

....

5. « Cette blessure me fait horriblement souffrir... »

....

> **À noter**
> **Une incise** est composée d'un verbe de parole et de son sujet, situés au milieu ou à la fin des paroles rapportées.

4 **a. Lisez le texte et soulignez les paroles indirectes.**
b. Récrivez le texte en rapportant les paroles directement.

Une fois dans sa vie Akaki Akakiévitch fit preuve de fermeté ; il déclara aux policiers qu'ils n'avaient pas le droit de l'empêcher d'entrer, car il venait du ministère pour une affaire importante, et que, s'il portait plainte, ils verraient ce que ça leur coûterait.

D'après N. Gogol, *Le Manteau*, 1843.

Je lis et je m'exprime

5 **Lisez ce texte et répondez aux questions.**

« Vous savez, dis-je au Catalan qui me servait de guide depuis la veille, vous savez sans doute où demeure M. de Peyrehorade ?

– Si je le sais ! s'écria-t-il [...]. Il a de l'argent, oui, M. de Peyrehorade ; et il marie son fils à plus riche que lui encore.

– Et ce mariage se fera-t-il bientôt ? lui demandai-je.

– Bientôt ! il se peut déjà que les violons soient commandés pour la noce. »

Prosper Mérimée, *La Vénus d'Ille*, 1837.

a. Relevez toutes les marques du discours direct.

b. Qui prononce chacune des répliques ?

c. Soulignez les verbes de parole et précisez à quel temps ils sont conjugués. Quelle remarque pouvez-vous faire ?

6 **Réécriture. Réécrivez ce texte de Balzac en rétablissant les trois répliques et leur ponctuation.**

Ah ! bien, monsieur Eugène, dit Sylvie, aujourd'hui vous allez déjeuner avec tout le monde. L'étudiant salua les pensionnaires [...]. Il vient de m'arriver une singulière aventure, dit-il [...]. Une aventure ! dit Poiret.

D'après Honoré de Balzac, *Le Père Goriot*, 1834.

7 **À vos plumes !**

Imaginez en quelques lignes une conversation entre des invités au mariage de M. de Peyrehorade.
Vous vous appuierez sur le texte de l'exercice 5 pour raconter cette discussion. Votre texte prendra la forme d'un récit dans lequel seront insérés des dialogues.

Compétences validées

	☹	😐	☺
J'ai respecté la forme du récit : présence de narration, verbes de parole.			
J'ai inséré des dialogues avec la bonne ponctuation.			
Les verbes de parole sont variés.			

31 Les paroles rapportées : le discours indirect

Je retiens

Dans un récit, les paroles d'un personnage peuvent être **rapportées sans interrompre la narration**. Il s'agit alors de **discours indirect**.

Discours indirect
Il lui demanda s'il avait appelé ses parents ce matin-là.

- **Subordonnées conjonctives** ou **interrogatives indirectes**. Parfois **groupes infinitifs**.
- **Pas de ponctuation spécifique**. La ponctuation expressive (**!** et **?**) disparaît.
- Respect de la **concordance des temps**.
- **Pronoms personnels** souvent à la **3e personne**.
- Indicateurs spatio-temporels **qui appartiennent au récit** : *ce jour-là, à cet endroit.*

Dans un récit au présent, le temps des verbes est le même qu'au discours direct.
Dans un récit au passé, le temps des verbes change (**concordance des temps**) :

présent → imparfait **passé composé → plus-que-parfait** **futur → conditionnel**

Je m'exerce

1 ★ **Soulignez les phrases qui sont au discours indirect.**

1. « As-tu demandé à la voisine si elle avait du sucre à nous prêter ? », demanda Julie. **2.** Ce fou prétend qu'il a vu ses meubles s'animer. **3.** « S'il avait eu cette bague au doigt, ajouta-t-il, je l'aurais sans doute remarquée. » **4.** Son père lui ordonna de venir le saluer.

2 ★★ **Indiquez dans le tableau les changements de temps et de pronoms entre le discours direct et le discours indirect.**

1. L'enquêteur indiqua au procureur : « Le suspect a un alibi. » → L'enquêteur indiqua au procureur que le suspect avait un alibi. **2.** « Mon manoir sera votre tombeau ! » s'écria le vampire. → Le vampire s'écria que son manoir serait leur tombeau. **3.** « Oh, Roméo, avoua Juliette, je t'ai toujours aimé. » → Juliette avoua à Roméo qu'elle l'avait toujours aimé.

	Changement de temps	Changements de pronoms
Phrase 1	Le présent devient l'imparfait.	....
Phrase 2	....	1re et 2e personnes remplacées par la 3e.
Phrase 3	....	....

3 ★★ **Transposez ces phrases au discours indirect en faisant toutes les modifications nécessaires. Attention à la concordance des temps !**

1. Il lui répondit : « Je n'obéirai pas. » → ....

....

2. J'ai dit : « Nous ne sommes pas d'accord ! » → ....

....

3. Il a dit : « Nous ne sommes pas d'accord ! » → ....

....

4 Transposez ces phrases interrogatives en propositions subordonnées indirectes.

1. À son réveil, il se demanda : « Où suis-je ? Qu'y a-t-il ici ? » ....

....

2. « Avez-vous pu hier dire des choses pareilles ? » lui demanda-t-il. ....

....

Je lis et je m'exprime

5 Lisez le texte suivant et répondez aux questions.

La gouvernante Jane Eyre retourne dans sa maison d'enfance. Bessie l'accueille.

Elle me demanda si j'étais heureuse à Thornfield et quel genre de caractère avait ma maîtresse. Quand je lui dis que je n'avais qu'un maître, elle me demanda s'il était beau et si je l'aimais ; je lui répondis qu'il était plutôt laid, mais que c'était un vrai gentleman, qu'il me traitait avec bonté et que j'étais satisfaite.

Charlotte Brontë, *Jane Eyre*, trad. de N. Souvestre-Lesbazeilles, 1890.

a. Comment les paroles des personnages sont-elles majoritairement rapportées ? Justifiez votre réponse. Qu'est-ce que cela permet d'éviter ? ....

....

....

....

....

b. Relevez une proposition subordonnée interrogative indirecte et une proposition subordonnée conjonctive.

....

....

c. D'après la dernière phrase, imaginez comment les relations entre Jane et son maître peuvent évoluer.

....

6 Complétez ces phrases au discours indirect, en respectant l'indication entre parenthèses.

1. Impatient, le serveur demanda au client attablé (*subordonnée interrogative indirecte*) ....

....

2. L'amant annonça à sa belle (*subordonnée conjonctive*) ....

3. Le général ordonna à l'espion (*groupe infinitif*) ....

7 Réécriture. Réécrivez ce passage au discours indirect en commençant par : « L'adjudant Gamba demandait ». Veillez à respecter la concordance des temps.

« Sais-tu bien, petit drôle, que je puis t'emmener à Corte ou à Bastia. Je te ferai coucher dans un cachot, sur la paille, les fers aux pieds, et je te ferai guillotiner si tu ne dis où est Gianetto Sanpiero. »

Prosper Mérimée, *Mateo Falcone*, 1829.

....

....

....

....

....

8 À vos plumes !

Vous avez rêvé que vous rencontriez une créature fantastique et que vous parliez avec elle.

Racontez cette rencontre et cette conversation. Vous utiliserez principalement le discours indirect pour rapporter vos paroles et celles de la créature.

Compétences validées	☹	😐	☺
J'ai mis en scène une créature fantastique.			
J'ai correctement rapporté les paroles au discours indirect.			
J'ai respecté la concordance des temps.			

32 Les connecteurs logiques

Je retiens

Les connecteurs logiques permettent d'organiser un texte.
Ils expriment un **rapport de sens** entre des groupes de mots ou des phrases.

Rapport de sens

Opposition *pourtant, tandis que…*	**Concession** *certes, même si, malgré…*	**But** *afin que, dans le but de…*	**Ordre des arguments** *d'abord, d'une part, d'autre part…*
Addition *puis, ensuite, de plus, aussi…*	**Cause** *car, en raison de, étant donné que…*	**Reformulation** *autrement dit, c'est-à-dire, en résumé…*	**Conséquence ou conclusion** *donc, c'est pourquoi, ainsi…*

Ils ont des natures variées :
- **conjonctions de coordination** : *mais, or, car, donc…* ;
- **conjonctions de subordination ou locutions conjonctives** : *bien que, alors que…* ;
- **adverbes ou locutions adverbiales** : *cependant, enfin, puis…* ;
- **locutions verbales** : *c'est que, admettons que…*

Je m'exerce

1 **Précisez le rapport de sens créé par les connecteurs logiques en gras et donnez leur nature.**

1. **D'abord**, tu tiens compte de tes goûts, **ensuite** tu estimes tes capacités. **Enfin**, tu te décides.
→ ……………………………………………………

2. Lisez ce livre, **car** il traite d'un sujet intéressant. **Cependant**, ne vous laissez pas rebuter par sa longueur.
→ ……………………………………………………

3. **Même si** cet homme a un mobile, son alibi est solide, **donc** il ne peut pas avoir commis le crime.
→ ……………………………………………………

4. Certains prétendent que les revenants existent, **toutefois** leurs preuves ne sont pas crédibles.
→ ……………………………………………………

2 **Complétez ces phrases avec un connecteur logique, selon le rapport de sens indiqué.**

1. Vos photos de voyage seront exposées dans le hall du collège, ……………… (*conséquence*) vous rédigerez des commentaires explicatifs ……………… (*but*) les visiteurs les comprennent. **2.** Voltaire a du talent, ……………… (*opposition*) Flaubert le considère comme un mauvais auteur. **3.** La version abrégée de ce roman est ……………… (*concession*) réussie, ……………… (*opposition*) je vous conseille de le lire intégralement.

3 **Complétez les phrases à l'aide d'un connecteur qui exprimera l'idée indiquée entre parenthèses.**

donc | parce que | par exemple | mais | pour finir | puis

1. Le savant ne pouvait déchiffrer le manuscrit ……………… la langue utilisée était inconnue. (*cause*)
2. Il reconnaissait quelques signes ……………… il ne parvenait pas à comprendre le sens du texte. (*opposition*)
3. Il recopia chaque signe l'un après l'autre, ……………… il compta les occurrences de chacun d'entre eux, ……………… il opéra certains rapprochements avec des mots latins. (*addition*)

Je lis et je m'exprime

4 **En binômes, inventez des phrases exprimant les relations logiques indiquées ci-dessous.**
Un(e) élève propose une amorce de phrase, l'autre la complète en proposant le bon connecteur logique.

cause | conséquence | but | opposition | concession

5 **Lisez le texte et répondez aux questions.**

> Certes, je me croirais fou, absolument fou, si je n'étais conscient, si je ne connaissais parfaitement mon état, si je ne le sondais en l'analysant avec une complète lucidité. Je ne serais donc, en somme, qu'un halluciné raisonnant. […]. Or, quoi d'étonnant à ce que ma faculté de contrôler l'irréalité de certaines hallucinations, se trouve engourdie chez moi en ce moment !
>
> Guy de Maupassant, *Le Horla*, 1887.

a. Quels sont les deux états entre lesquels le narrateur semble se trouver ? Justifiez votre réponse en relevant une expression contradictoire.

....

....

b. Complétez le tableau ci-dessous.

Connecteurs logiques du texte	Nature	Rapport de sens
....	....	....
....	....	....
....	....	....
....	....	....

c. Que permet l'utilisation de ces connecteurs au narrateur ?

....

....

6 **Complétez ce texte avec les connecteurs logiques suivants.**

bien que | de plus | donc | pourtant | plutôt

Un slogan publicitaire affirmait que les produits laitiers sont nos « amis pour la vie ». ...., les intolérances au lactose sont très répandues. ...., il est préférable de limiter les protéines animales dans l'alimentation. Faut-il .... supprimer les produits à base de lait de vache ? .... certains le croient, il s'agit .... d'avoir une alimentation variée.

7 **Les connecteurs de ce texte ont été mélangés : recopiez-le en les rétablissant à leur juste place.**

> Donc à l'emploi des vers et des procédés stylistiques, les poètes parviennent à séduire leur auditoire. Comme, certains, ainsi Baudelaire, célèbrent la noirceur et la laideur et créent grâce à des éloges paradoxaux.

....

....

....

....

....

8 **À vos plumes !**

Le maire de votre ville veut raser votre parc préféré pour construire des immeubles. Rédigez une lettre pour le convaincre de laisser le parc.
Utilisez des connecteurs logiques variés pour organiser vos idées.

Compétences validées	☹	😐	☺
J'ai écrit une lettre.			
J'ai cherché à convaincre mon lecteur.			
J'ai employé des arguments solides.			
J'ai utilisé des connecteurs logiques.			

33 Les figures de style

Je retiens

Les figures de style sont **des expressions imagées** qui produisent un **effet de sens**.

Ressemblance →	• **Comparaison** : on rapproche deux éléments avec un outil de comparaison (*comme*, *tel*...). *Ce lac ressemble à un miroir.* • **Métaphore** : on rapproche deux éléments, sans outil de comparaison. *Des yeux d'ébène.* • **Personnification** : on donne des caractéristiques humaines à un objet, une idée ou un animal. *L'aventure nous appelle.*
Remplacement →	**Périphrase** : on remplace un mot par une expression de sens équivalent. *Le Roi-Soleil.*
Exagération et atténuation →	• **Hyperbole** : on exagère une idée. *Quel nez colossal !* • **Litote** : on atténue l'expression d'une idée pour en faire ressortir la force. *Pas trop tôt !*
Opposition →	**Oxymore** : on réunit deux termes contradictoires dans une même expression. *La musique du silence.*

Je m'exerce

Comparons nos langues

L'outil de comparaison *comme* se traduit en anglais par *like* (préposition). Quel est le sens de l'expression *to look like someone* ?

1 **Précisez si les phrases suivantes contiennent une comparaison, une métaphore ou une personnification. Entourez l'outil de comparaison s'il y en a un.**

1. « L'œil était pareil à une tache d'encre » (Guy de Maupassant). → ....

2. « Les arbres du bois s'en souviennent aussi » (Alfred de Musset). → ....

3. « Je suis belle, ô mortels ! comme un rêve de pierre » (Charles Baudelaire). → ....

4. « L'édifice effrayant des nuages » (Victor Hugo). → ....

2 **Reliez les métaphores soulignées à leur signification.**

1. « Cette faucille d'or dans le champ des étoiles » (Victor Hugo) •	• la passion
2. « Je reconnais mon sang » (Pierre Corneille) •	• son habit
3. « Si l'eau pouvait éteindre un brasier amoureux » (Pierre de Marbeuf) •	• un oiseau
4. « le prince des nuées » (Charles Baudelaire) •	• la lune
5. « sa blanche armure de satin » (Paul Verlaine) •	• un membre de ma famille

3 **Recherchez et indiquez ce que signifient ces périphrases courantes, comme dans l'exemple.**

Exemple : L'astre du matin ⇨ *le soleil levant.*

1. La Ville Lumière → .... **2.** La langue de Shakespeare → .... **3.** Le neuvième art → .... **4.** La planète bleue → .... **5.** Le quatrième pouvoir → ....

6. L'astre de la nuit → .... **7.** L'Hexagone → .... **8.** Le Toit du monde → ....

9. L'Élysée → .... **10.** Matignon → ....

11. Les miroirs de l'âme → .... **12.** La cité phocéenne → ....

Je lis et je m'exprime

4 **Top chrono ! En binômes, imaginez le plus possible d'oxymores sur le thème de la ville.** Vous avez deux minutes. Exemple : *ce jardin de béton.*

5 **Jouez au bingo des figures de style.**
Deux élèves, les animateurs, imaginent neuf phrases contenant chacune une figure de style. Les autres élèves, les joueurs, tracent une grille de neuf cases, numérotées de 1 à 9. L'un des animateurs donne un numéro et lit une phrase : les joueurs ont dix secondes pour écrire le nom de la figure de style dans la bonne case. L'autre animateur donne ensuite la réponse. Si un(e) élève remplit une ligne de sa grille avec trois bonnes réponses, il ou elle dit « bingo ». Les élèves qui ont le plus de bingos ont gagné.

6 **Lisez ce texte et répondez aux questions.**

> Rien n'était si beau, si leste, si brillant, si bien ordonné que les deux armées. [...] Les canons renversèrent d'abord à peu près six mille hommes de chaque côté ; ensuite la mousqueterie ôta du meilleur des mondes environ neuf à dix mille coquins qui en infectaient la surface. [...] Candide [...] se cacha du mieux qu'il put pendant cette boucherie héroïque.
>
> Voltaire, *Candide*, 1759.

a. De quoi parle ce texte de Voltaire ?

....

b. Soulignez les hyperboles et entourez un oxymore.

c. Que permettent de souligner les différentes figures de style, de manière ironique ?

....

....

....

7 **Soulignez les hyperboles et entourez les litotes, puis donnez leur équivalent dans la langue courante.**

1. L'apparition de ce chien noir m'a fait mourir de peur. → ....

....

2. « Va, cours, vole » (Pierre Corneille). → ....

3. « Va, je ne te hais point » (Pierre Corneille). → ....

4. C'est merveilleusement bon ! → ....

5. On ne peut pas dire que Tokyo soit une petite ville. → ....

8 **Réécriture. Réécrivez le texte ci-dessous en ajoutant une comparaison, une métaphore, deux hyperboles et une personnification.**

> Deux hommes parurent. L'un venait de la Bastille, l'autre du Jardin des Plantes. Le plus grand, vêtu de toile, marchait le chapeau en arrière, le gilet déboutonné et sa cravate à la main. Le plus petit [...] baissait la tête sous une casquette à visière pointue.
>
> Gustave Flaubert, *Bouvard et Pécuchet*, 1881.

....

....

....

....

....

....

....

9 **À vos plumes !**

Un(e) adolescent(e) est amoureux(-se) de l'un(e) de ses camarades depuis plusieurs mois. Il/Elle se décide à lui avouer son amour.
Vous imaginerez sa déclaration sous la forme d'un monologue théâtral, écrit en vers ou en prose. Vous emploierez au moins deux métaphores, trois hyperboles, une litote et deux oxymores.

Compétences validées	☹	😐	☺
J'ai écrit un monologue théâtral.			
J'ai employé les figures de style demandées.			
J'ai utilisé le lexique des sentiments.			

ÉVALUATION

Je fais le point sur mes connaissances

1 a. Placez ces trois mots dans le tableau en fonction de leur registre de langue.

manger • gamin • labeur

b. Donnez leurs synonymes dans les autres registres de langue.

Familier	Courant	Soutenu
....	....	....
....	....	....
....	....	....

.... /4,5

2 Lisez ce texte et répondez aux questions.

Anselme vient de retrouver ses enfants.

ANSELME. – Oui, ma fille, oui, mon fils, je suis Dom Thomas d'Alburcy, [...] qui vous ayant tous crus morts durant plus de seize ans, se préparait, après de longs voyages, à chercher [...] la consolation de quelque nouvelle famille.

Molière, *L'Avare*, 1668.

a. Qui est l'énonciateur ? ....

....

b. Qui sont les destinataires ? ....

c. De quoi parle l'énonciateur ? ....

....

.... /1,5

3 a. Écrivez « direct » après les phrases au discours direct et « indirect » après celles au discours indirect.

1. « Tu ne dois plus revoir ton amoureux. » → .... **2.** Il dit que Pierre était parti. → .... **3.** Elle annonça qu'elle resterait. → .... **4.** « Cet égoïste m'agace ! » → .... **5.** Leïla m'a dit que Caroline t'avait plu. → .... **6.** « Tu m'écoutes ? » → ....

.... /3

b. Réécrivez au discours direct les phrases au discours indirect. Introduisez des incises.

....

....

.... /3

4 Dans chaque case de ce tableau, écrivez deux connecteurs logiques qui conviennent.

Cause	Opposition	Conclusion/ Conséquence	Concession
....	....	....	....
....	....	....	....

.... /4

5 Reliez les exemples suivants à la figure de style correspondante.

1. Le crépuscule s'endort. •
2. La langue de Shakespeare. •
3. Cela ne marche pas si mal. •
4. L'amour ressemble à une flamme. •

• comparaison
• périphrase
• personnification
• litote

.... /2

6 Rédigez une phrase contenant la figure de style demandée.

1. Une métaphore : ....

....

2. Un oxymore : ....

....

3. Une hyperbole : ....

....

4. Une personnification : ....

....

.... /2

Total .... /20

Comptez vos points

Comptez 0,5 point par bonne réponse.

Vous avez 15 à 20 points : Bravo ! Ces notions n'ont plus de secrets pour vous !

Vous avez 11 à 14 points : Vous y êtes presque ! Encore quelques efforts et vous deviendrez incollable.

Vous avez 8 à 10 points : Vous êtes sur la bonne voie ! Relisez les pages 68 à 79 puis recommencez les exercices.

Vous avez 0 à 7 points : Relisez les pages 68 à 79. Pour comprendre vos erreurs, discutez-en avec votre professeur.

Je fais le point sur mes compétences

7 Lisez le texte suivant et répondez aux questions.

Vladimir est amoureux de la princesse Zinaïda. Celle-ci a deviné ses sentiments.

« Écoutez-moi bien, reprit-elle. Vous ne me connaissez pas encore. Je suis une lunatique. Vous avez seize ans, n'est-ce pas ? Moi, j'en ai vingt et un… Je suis beaucoup plus vieille que vous ; par conséquent, vous devez toujours me dire la vérité… et m'obéir, ajouta-t-elle. Allons, regardez-moi bien en face… Pourquoi baissez-vous tout le temps les yeux ? »

Mon trouble s'accrut de plus belle. […]

« Regardez-moi bien, fit-elle en baissant la voix avec une intonation câline… Cela ne m'est pas désagréable… […]

– Princesse…, commençai-je.

– D'abord, appelez-moi Zinaïda Alexandrovna… Ensuite, qu'est-ce que c'est que cette habitude qu'ont les enfants – elle se reprit –, je veux dire les jeunes gens de cacher leurs vrais sentiments ? C'est bon pour les grandes personnes. N'est-ce pas que je vous plais ? »

Ivan Tourgueniev, *Premier amour* [1860], trad. de M. Rostilav Hofman, Les éditions du Chêne, 2008.

a. De quoi est-il question dans ce texte ?

....

b. Quels indices montrent que les paroles des personnages sont rapportées directement ?

....

....

c. Qu'apprend-on sur le caractère des deux personnages ?

....

....

d. Relevez une litote et expliquez son sens.

....

....

8 Réécrivez le passage surligné en jaune au discours indirect. Vous ferez toutes les transformations nécessaires.

....

....

....

....

....

9 À vos plumes ! Dans un dialogue argumentatif, faites débattre deux personnes d'avis opposés sur un sujet de votre choix.

Vous insérerez votre dialogue dans un récit. Vos personnages auront recours à des arguments et des exemples précis, introduits par des connecteurs logiques. Ils débattront dans un registre de langue courant.

Compétences validées

	☹	😐	☺
Identifier et interpréter des éléments de la situation d'énonciation.			
Observer, reconnaître et utiliser des paroles rapportées, directement ou indirectement.			
Passer du recours intuitif à l'argumentation à un usage plus maitrisé.			

34 Les accords dans le groupe nominal

Je retiens

Le **groupe nominal** (GN) est construit autour d'un **nom-noyau**.
Les déterminants, adjectifs et participes passés qui s'y rapportent **s'accordent avec lui en genre et en nombre**.

***Une maison** hantée et angoissante. **Des maisons** hantées et angoissantes.*
(maison : nom-noyau ; maisons : nom-noyau)

Si le GN contient plusieurs noms, **l'accord se fait au pluriel**. Si l'un des noms est masculin, **l'accord se fait au masculin pluriel**.

*Une **forêt** et une **maison** inquiétantes. Une **forêt** et un **manoir** inquiétants.*

L'**adjectif apposé** s'accorde aussi avec le nom auquel il se rapporte.
Attention ! Ce nom peut être éloigné de l'adjectif dans la phrase.

*Pleins d'admiration devant ce spectacle qui les impressionnait, les **touristes** s'avançaient.*
(Pleins : adj. apposé ; touristes : nom)

Je m'exerce

À noter
Les **adjectifs de couleur** sont invariables quand ils proviennent d'un nom ou quand ils sont composés de deux mots : *des yeux marron, des roses jaune pâle*.

1 Accordez les groupes nominaux suivants au pluriel.

1. La ravissante jeune fille : ....
2. Ce manteau épais et chaud : ....
3. Une robe bleu nuit : ....
4. Un costume cintré et une cravate marron : ....

2 Complétez le texte avec les déterminants suivants.

la • le • la • une • toute • leur • leur • des • la

.... troupe de jeunes filles qui cueillaient .... fleurs dans .... campagne, effrayées de .... tempête, regagnaient .... ville en .... hâte, remportant .... moisson parfumée dans .... pan de .... tunique.

Théophile Gautier, *Le Roi Candaule*, 1844.

3 Réécrivez les adjectifs et participes passés entre parenthèses en les accordant si nécessaire.

1. Les rues et les .... (*grand*) boulevards .... (*envahi*) par la foule retentissaient de bruits .... (*aigu*) et .... (*strident*). **2.** L'immeuble .... (*affaissé*) cachait un .... (*petit*) jardin et sa tonnelle, tous les deux .... (*ombragé*) et .... (*secret*). **3.** Les camelots .... (*actif*) et .... (*bruyant*) attiraient une foule .... (*important*) de clients .... (*empressé*) et .... (*avide*) de .... (*bonne*) affaires.

4 Complétez les groupes nominaux de ce portrait à l'aide des adjectifs de la liste puis soulignez le nom avec lequel ils s'accordent.

prodigieuse • dénudé • spongieux • roussâtres • écartées • bulbeux • haut

Quelques cheveux .... [...] se massaient derrière ses oreilles .... et se rebellaient contre le collet beaucoup trop .... de son habit ; son crâne, entièrement ...., brillait comme un os et surplombait un nez d'une .... longueur, ... et .... du bout.

Théophile Gautier, *Le Roman de la momie*, 1858.

Je lis et je m'exprime

5 **Top chrono ! Par groupes de trois, trouvez le plus vite possible dix GN au pluriel.**
Trouvez cinq GN avec un déterminant, un nom et un adjectif dans lesquels le pluriel peut s'entendre, grâce aux liaisons ou aux changements de prononciation. Trouvez cinq autres GN avec un déterminant, un nom et un adjectif dans lesquels le pluriel ne s'entend pas du tout.
Exemple : De jolis animaux (le pluriel s'entend). – Leurs petites cabanes (le pluriel ne s'entend pas).

6 **Lisez ce texte et répondez aux questions.**

Deux boucles d'oreilles faites en forme de balance [...] tremblaient dans la lumière au long de ses joues pâles ; un collier de boules d'or, soutenant **des grains allongés en poire**, circulait sur **sa poitrine laissée à demi découverte** par **le pli négligé** d'**un peplum**[1] [...] **bordé d'une grecque**[2] **noire** ; **une bandelette noir et or** passait et luisait par places dans ses cheveux d'ébène.

Théophile Gautier, *Arria Marcella*, 1852.

1. **Peplum :** vêtement féminin antique.
2. **Grecque :** motif géométrique.

a. Dans les groupes nominaux en gras, encadrez les noms. Soulignez les déterminants, adjectifs et participes passés qui s'accordent avec eux.
b. Quel effet produisent ces nombreux groupes nominaux ?

c. Quelles impressions se dégagent du portrait de cette femme ?

7 **Dictée préparée. Lisez ce texte et répondez aux questions.**

Voici une description de Pompéi et de son volcan, le Vésuve.

La ville ressuscitée, ayant secoué un coin de son linceul de cendre, ressortait avec ses mille détails sous un jour aveuglant. Le Vésuve découpait dans le fond **son cône sillonné de stries de laves bleues, roses, violettes, mordorées par le soleil**. Un léger brouillard, presque imperceptible dans la lumière, encapuchonnait la crête écimée[1] de la montagne ; on eût pu le prendre pour un de ces nuages qui, même par les temps les plus sereins, estompent le front des pics élevés.

Théophile Gautier, *Arria Marcella*, 1852.

1. **Écimée :** au sommet coupé.

a. Soulignez les adjectifs et participes passés qui s'accordent avec les noms *ville, jour, brouillard, crête, pics*.
b. Dans le GN en gras, encadrez tous les noms.
c. Quelles particularités remarquez-vous dans l'orthographe des verbes *ressusciter, sillonner, encapuchonner* ?

d. Écrivez ce texte sous la dictée de votre professeur.

8 **À vos plumes !**

Un jeune homme ou une jeune fille s'est préparé(e) pour se rendre à une fête. Décrivez son apparence et ses vêtements.
Comme dans le texte de Théophile Gautier de l'exercice 6, vous détaillerez avec précision la tenue et les accessoires du personnage, grâce des groupes nominaux nombreux, variés et enrichis d'adjectifs.

Compétences validées

	☹	😐	☺
J'ai rédigé une description.			
Ma description est précise et contient de nombreux GN.			
J'ai fait varier les genres et nombres des noms.			
J'ai correctement accordé les déterminants et les adjectifs.			

35 L'accord du verbe avec son sujet

Je retiens

Le verbe prend les marques de la **personne**, du **nombre** et du **genre** (aux temps composés) de son sujet.

Le verbe a pour sujet(s)

un pronom personnel.	**un groupe nominal (GN).**	**un infinitif.**	**le pronom *qui*.**	**plusieurs pronoms ou GN.**
Accord avec le **pronom**, à la personne voulue. ***Il*** *viendr**a**.* ***Je*** *viendr**ai**.*	Accord avec le **nom-noyau** du GN. *Mon **frère** qui a trois enfants viendr**a**.*	Accord à la **3e personne du singulier**. ***Courir fait*** *du bien.*	Accord avec l'**antécédent** de *qui*. *C'est **moi** qui viendr**ai**.*	Le verbe s'accorde **au pluriel**. ***Elle et lui*** *ir**ont**.* ***Elle et moi*** *ir**ons**.*

Attention ! Le sujet n'est pas toujours placé avant le verbe.
- **Sujet et verbe peuvent être inversés**, dans une phrase interrogative ou commençant par un adverbe : *Viendra-t-**il** ? Alors vint **la nuit**.*
- **Le sujet peut être séparé du verbe** par un autre mot : ***Il*** *nous croit responsables de tout.*

Si un verbe a plusieurs sujets de personnes différentes, **la 2e personne l'emporte sur la 3e personne et la 1re sur les deux autres**. ***Eux et toi*** *viendr**ez**.* ***Eux, toi et moi*** *viendr**ons**.*

Je m'exerce

1 Conjuguez les infinitifs entre parenthèses au présent de l'indicatif, en veillant à l'accord du verbe avec son sujet.

1. Toi, elle et moi .... (*se rendre*) au cinéma cet après-midi, avec ceux qui .... (*vouloir*) venir. **2.** Adrien et son frère, sous le choc de la surprise, ... (*se regarder*) décontenancés. **3.** *Dracula* me .... (*paraître*) être un roman passionnant, qu'elle et toi .... (*devoir*) lire très vite. **4.** Ce .... (*être*) eux qui .... (*inventer*) les plus jolis tours de magie. **5.** Garder son sang-froid .... (*garantir*) des excès de la colère.

2 a. Soulignez les sujets des verbes en gras.

1. C'est moi qui **suis désigné** pour représenter la classe.

2. La pluie, le vent **fouettaient** notre visage et nous **faisaient** frissonner.

3. Le poêle bien qu'éteint depuis plusieurs heures **dégageait** encore une chaleur agréable.

À noter
Si un verbe a plusieurs sujets de genres différents, on l'accorde **au masculin pluriel**.
Emma et lui sont arrivés.

b. Donnez leur personne, leur nombre et leur genre si nécessaire, et expliquez quelles difficultés peuvent rendre l'accord des verbes complexe.

1. ....

....

2. ....

....

3. ....

....

3 Conjuguez les verbes à l'imparfait.

1. Les pivoines, les roses et le réséda, tout embaum............ dans le jardin.
2. De l'autre côté de la Seine se découvr................. la Comédie-Française et le Palais Royal.
3. La pluie, l'orage, la tempête, rien ne les dissuad........... de sortir.
4. C'est Félix et toi qui dev............ vous charger de préparer la visite.
5. Une foule de touristes fais........... la queue pour entrer au musée du Louvre.

Je lis et je m'exprime

4 Transformez des phrases en faisant varier leurs sujets.

Choisissez l'une des phrases ci-dessous et dites-la à voix haute en lui donnant un autre GN ou pronom pour sujets et en faisant toutes les modifications nécessaires. Vous épellerez la terminaison du verbe.
1. La plupart des gens lisent des romans policiers pour se détendre. **2.** Nous nous sommes souvenus du livre étudié en 5e. **3.** Les récits fantastiques font douter les lecteurs. **4.** Lui et toi, vous vous dites souvent que rien ne vous inquiète. **5.** Enfants, nous éprouvions de la peur la nuit.

5 Lisez ce texte et répondez aux questions.

Un jeune soldat rencontre Marie, la fille du capitaine de son régiment.

À peine avait-elle[1] prononcé ce nom, qu'entra dans la chambre une jeune fille de seize ans, au visage rond, vermeil, ayant les cheveux lissés en bandeau et retenus derrière ses oreilles que rougissaient la pudeur et l'embarras. Elle ne me plut pas extrêmement au premier coup d'œil; je la regardai avec prévention[2].

Alexandre Pouchkine, *La Fille du capitaine* [1836], trad. de L. Viardot, 1901.

1. **Elle**: la femme du capitaine et mère de Marie.
2. **Prévention**: une certaine méfiance.

a. Comment expliquez-vous l'inversion du sujet et de l'auxiliaire *avait* dans la première phrase?

....

....

b. Quel est le sujet du verbe *rougissaient*?

....

....

c. La jeune fille plaît-elle au narrateur? Justifiez votre réponse. Qu'est-ce que la deuxième phrase laisse deviner?

....

....

....

6 Dictée préparée. Lisez ce texte et répondez aux questions.

Un savant raconte son voyage dans le futur. Les habitants de cette époque lui ont volé sa machine temporelle.

Là, je trouvai une grande salle couverte de coussins, sur lesquels une vingtaine environ de petits êtres dormaient. Je suis sûr qu'ils trouvèrent ma seconde apparition assez étrange [...].

« Où est la Machine? » commençai-je en braillant [...]. Cela dut leur sembler fort drôle. Quelques-uns rirent.

H.G. Wells, *La Machine à explorer le temps* [1895], trad. de H.D. Davray, 1899.

a. Entourez les verbes conjugués de ce texte.

b. Justifiez leurs accords en soulignant leurs sujets.

c. Écrivez ce texte sous la dictée de votre professeur.

7 À vos plumes!

Le narrateur (exercice 5) raconte sa conversation avec Marie.

Il découvre son intelligence et tombe amoureux d'elle. Écrivez son récit, à la 1re personne et au passé. Vous y introduirez un dialogue.

Compétences validées

	☹	😐	☺
J'ai compris et respecté la situation de départ.			
J'ai bien accordé les verbes avec leur sujet.			
J'ai respecté la forme du dialogue.			
J'ai montré l'intelligence de Marie.			

36 L'accord du participe passé

Je retiens

Le participe passé			
Sans auxiliaire	**Avec l'auxiliaire *être***	**Avec l'auxiliaire *avoir***	
Accord en genre et en nombre **avec le nom** (ou **le pronom**) auquel il se rapporte : *Fatigués*, ***les touristes*** *se reposèrent.*	**Accord** en genre et en nombre **avec le sujet** : ***Nous*** *sommes* ***arrivés****.*	**Pas d'accord** si le **COD** est **après** l'auxiliaire *avoir* : *Elles ont* ***visité*** ***la ville****.*	**Accord avec le COD** s'il est **avant** l'auxiliaire *avoir* : *Cette ville, elles* ***l'****ont* ***visitée****.*

N.B. Le COD peut être le pronom relatif *que* : il a alors les mêmes genre et nombre que **l'antécédent de la proposition relative** (voir programme de 3e). *La* ***ville*** *américaine [****qu'****elles ont visit****ée****] s'appelle New York.*
(ville → antécédent ; qu' → COD)

Je m'exerce

> **À noter**
> Le participe passé **ne s'accorde jamais avec un COI**. *Cette femme, je* ***lui*** (COI) *ai parlé.*

1 Conjuguez ces verbes au passé composé, à la 1re personne du singulier, et classez-les dans le tableau suivant.
devenir • pouvoir • entrer • vouloir • être • avoir • écrire • tomber • partir • vivre • naître • craindre • résoudre • acquérir

Auxiliaire *être*	Auxiliaire *avoir*
....	....
....	....

2 Soulignez les participes passés et entourez les mots avec lesquels ils s'accordent, s'il y en a.
1. Mme Loisel a épousé un modeste employé du ministère. **2.** Elle a toujours rêvé d'une maison luxueuse. **3.** Un jour, Mathilde et son mari ont été invités à une fête. **4.** Elle a convoité une belle robe et l'a obtenue grâce à son mari qui la lui a offerte. **5.** La parure qui lui manquait, elle l'a empruntée à une amie. **6.** Cette parure a été perdue.

3 Soulignez les participes passés qui sont correctement accordés.
1. Elles ont toujours *aimé/aimées* les voyages. **2.** Des grondements ont été *entendu/entendus* par les villageois. **3.** Des éclairs m'ont *éblouis/ébloui* ; les as-tu *vu/vus* ? **4.** Des grêlons sont *tombés/tombé*.

4 Dans ces phrases, soulignez les participes passés et justifiez leur accord ou leur non-accord.
1. J'ai beaucoup aimé ce spectacle. ....
2. Nous avons toujours beaucoup ri devant les spectacles de clowns. ....
.... **3.** Avez-vous apprécié les films de J. Tati ? Moi, je les ai toujours regardés avec plaisir. ....
.... **4.** Cette armoire, je l'ai rangée il y a une semaine et elle est déjà dérangée. ....
5. Les nouvelles fantastiques de Théophile Gautier, les avez-vous lues ? ....
....

Je lis et je m'exprime

5 **Faites une « chaîne des participes passés » : créez et refomulez des phrases en veillant aux accords.**

Construisez une phrase où vous emploierez un verbe de la liste ci-dessous à un temps composé, suivi d'un nom féminin qui en sera le COD. Votre voisin(e) reformulera ensuite la phrase en plaçant le COD en tête. Puis il ou elle créera à son tour une phrase, que son ou sa voisin(e) reformulera, et ainsi de suite.

Exemple : *éteindre ➩ J'ai éteint la bougie. ➩ La bougie, je l'ai éteinte.*

faire • prendre • mettre • peindre • joindre • ouvrir • offrir • réduire • satisfaire • comprendre • conduire • contraindre • décrire • reconduire • défaire • distraire • éconduire • entreprendre • permettre

6 **Réécrivez ces phrases au passé composé (revoir la fiche 25 p. 60) et accordez correctement le participe passé.**

1. Je cueille des cerises. .... **2.** Je raconte mes rêves de voyage à mes amis les plus proches. ....

3. Ces décisions, nous les prenons ensemble ! ....

4. Les tomates du jardin de mon grand-père, nous les récoltons chaque année, pendant l'été. ....

5. Chaque matin, nous faisons le même trajet. ....

7 **Complétez le texte ci-dessous avec les participes passés des verbes entre parenthèses. Faites tous les accords nécessaires.**

Nous étions .... (*arriver*) depuis cinq minutes quand nous avons .... (*entendre*) la voix d'une personne que nous n'avions aucune envie de rencontrer. .... (*déterminer*), nous avons donc .... (*décider*) de fuir par la porte de derrière et nous avons .... (*emprunter*) la route qui menait à la mer.

8 **Dictée préparée.** **Lisez le texte et répondez aux questions.**

Moi aussi, je sais une chose étrange, tellement étrange, qu'elle a été l'obsession de ma vie. Voici maintenant cinquante-six ans que cette aventure m'est arrivée [...].

Cette histoire m'a tellement bouleversé l'esprit, a jeté en moi un trouble si profond, si mystérieux, si épouvantable, que je ne l'ai même jamais racontée.

Guy de Maupassant, *Apparition*, 1883.

a. Entourez les verbes au passé composé contenant l'auxiliaire *être* et soulignez en bleu leurs sujets.

b. Soulignez en rouge les verbes au passé composé contenant l'auxiliaire *avoir* et soulignez en vert les COD de ces verbes, s'il y en a.

c. Parmi ces COD, surlignez ceux qui sont placés avant le verbe.

d. Écrivez ce texte sous la dictée de votre professeur.

9 **À vos plumes !**

Racontez au passé composé une journée inoubliable passée avec un(e) ami(e).

Votre texte fera une dizaine de lignes et vous utiliserez de nombreux verbes transitifs. Une fois votre texte rédigé, vous le relirez en vérifiant l'accord de tous les participes passés.

Compétences validées

	☹	😐	☺
J'ai utilisé de nombreux verbes transitifs.			
J'ai employé le passé composé.			
J'ai correctement accordé les participes passés.			

37 Les homophones *quand, quant, qu'en*

Je retiens

Quand →	**Conjonction de subordination** ou **adverbe**.	→ Peut être remplacé par ***lorsque*** ou par ***à quel moment***.
Quant →	Toujours suivi de ***à/au/aux***. *Quant à* est une **locution prépositive**.	→ *Quant à* peut être remplacé par ***en ce qui concerne***.
Qu'en →	*Que*, **conjonction**, **pronom relatif** ou **adverbe** + *en*, **préposition** ou **pronom personnel**.	→ Peut être remplacé par ***seulement en*** ou par ***que... de cela***.

Je m'exerce

1 Dans chaque phrase, ajoutez aux mots incomplets un *-d* ou un *-t*. Justifiez vos réponses.

1. Si Max et Fabio restaient raisonnables, Octavien, quan..... à lui, était un rêveur.

....

2. Il n'aurait jamais cru, quan..... il entama ce voyage, qu'il y rencontrerait l'amour.

....

3. Octavien ignorait quan..... ce fantôme avait entendu son appel.

....

4. Quan..... aux jeunes gens, ils se promenaient dans les ruines.

....

2 Complétez ce texte par *quand*, *qu'en* ou *quant*.

Il sortait quotidiennement de chez lui .... la lumière du jour faisait son apparition. Marcher était son plaisir ; il n'acceptait de monter en voiture .... de très rares occasions. Personne ne se demandait .... il arriverait : il était ponctuel. « Son attitude est étrange, ... penses-tu ? », se répétaient ses collègues. .... à lui, il refusait de se justifier.

Je lis et je m'exprime

3 Dictée préparée. Justifiez à l'oral l'orthographe de chaque *quand*, *quant* ou *qu'en*, puis écrivez ce texte sous la dictée de votre professeur.

Enfant, je n'étais heureux que quand nous partions à la montagne. Pourtant, je n'aimais pas skier, seulement contempler le manteau neigeux. Mes parents ne savaient qu'en penser ; quant à mes amis, ils s'étonnaient de cette bizarrerie.

4 À vos plumes !

Vous avez un jour rencontré quelqu'un qui vous a semblé original.

Évoquez cette personne en quelques lignes. Vous emploierez au moins une fois chacun des homophones *quand*, *qu'en* et *quant*.

Compétences validées

	☹	😐	☺
J'ai orthographié correctement les homophones.			
J'ai fait un portrait physique et moral.			
J'ai insisté sur le(s) détail(s) rendant le personnage original.			

Les homophones *c'en, sans, s'en, sens, sent*

Je retiens

C'en	*Ce*, **pronom indéfini** + *en*, **pronom personnel**.	Peut être remplacé par ***cela en***.
Sans	**Préposition.**	Toujours suivi d'un nom, GN ou pronom. Peut être remplacé par ***avec*** ou ***pour***.
S'en	*Se*, **pronom réfléchi** + *en*, **pronom personnel**.	À la **1re personne**, *s'en* devient ***m'en***.
Sens, sent	**Verbe *sentir*** (1re/2e pers. : *sens*, 3e pers. : *sent*)	**À l'imparfait**, *sens/sent* devient ***sentais/sentait***.

Je m'exerce

1 Donnez la nature des mots soulignés, puis complétez les phrases avec *s'en* ou *sans*.

1. Perdican a aperçu Rosette et .... est amouraché aussitôt.
(*Nature* : ....)

2. Si tu rends cette femme jalouse, ce ne sera pas .... conséquences.
(*Nature* : ....)

3. Elle .... vengera .... aucune hésitation.
(*Nature* : .... ; *nature* : ....)

4. Après avoir puni son amant infidèle, elle .... ira.
(*Nature* : ....)

À noter
Les homophones *s'en* et *c'en* sont **toujours suivis d'un verbe**. Mais le **c'** de *c'en* est **sujet**, le **s'** de *s'en* est **COD ou COI**.

2 Complétez ces phrases par *c'en*, *s'en*, *sans* ou *sens*.

1. Les héros de romans du XIXe siècle sont souvent .... scrupule. **2.** Elle a des qualités mais ne .... vante pas : elle est humble. **3.** Comment te ....-tu ? **4.** Ce reporter est brillant, mais malheureusement .... ambition. **5.** Des ombres rôdent dans le manoir, ... devient inquiétant. **6.** .... lui, je n'aurais jamais pu obtenir ce poste. **7.** Je .... que cette enquête va se complexifier.

Je lis et je m'exprime

3 Dictée préparée. **Après avoir expliqué à l'oral l'orthographe des homophones *sens*, *s'en* et *sans*, écrivez ce texte sous la dictée de votre professeur.**

Il s'introduisit dans la maison sans aucune crainte. S'il se faisait prendre, il s'en moquait. Il était sans abri et ne voyait pas pourquoi il ne pourrait pas occuper une maison vide pendant une nuit. Il allait pouvoir prendre un bain ; pourquoi s'en priver ? Il était seul, sans argent, sans amour… « Je sens que je serai bien cette nuit », se dit-il.

4 À vos plumes !

Vous avez aperçu un fantôme. Racontez en une douzaine de lignes cette apparition.
Votre récit sera au passé et comportera un dialogue. Vous emploierez au moins une fois chacun des homophones *sans*, *s'en*, *sens* et *c'en*. Votre texte commencera par : « Je le vis tapi au fond du grenier. »

Compétences validées

	☹	😐	☺
J'ai orthographié correctement les homophones.			
J'ai utilisé le passé simple et l'imparfait.			
J'ai introduit dans mon récit un dialogue.			

39 Les homophones *on, on n'*

Je retiens

On →	**Pronom personnel** (3e pers.). En langage familier, *on* remplace souvent *nous*. ***On** a fait le nécessaire, tout va rentrer dans l'ordre.*	→ Si on remplace *on* par *il* ou par *nous*, on ne trouve **pas *ne* avant le verbe**.
On n' →	***On*, pronom personnel + *ne*, particule de négation.** ***On n'**a pas de chance. **On n'**aime que les gens sincères.*	→ Si on remplace on par *il* ou par *nous*, on trouve ***ne* avant le verbe**.

Je m'exerce

À noter

On n' n'est employé que si la phrase est négative ou contient la tournure *ne... que*. Pour le repérer, on peut voir si la phrase contient **d'autres particules de négation** (*pas, jamais...*) **ou *que***.

1 **Soulignez les négations dans ces phrases, ainsi que la tournure restrictive *ne... que*.**

1. On n'en est qu'au plat de résistance. **2.** On n'y arrivera jamais ! **3.** On n'a aucune estime pour les tricheurs. **4.** On aime la vie. **5.** On n'avait toujours aucune nouvelle. **6.** On n'avait que trois minutes de retard, mais on a loupé notre train. **7.** On n'a pas voulu en savoir davantage.

2 **Reliez les phrases aux bons homophones.**

On •
On n' •

- arrivera à 13 heures.
- a pas besoin de luxe pour être heureux.
- a souvent besoin d'un plus petit que soi.
- est pas obligé de tout accepter.
- gardera en mémoire cet événement.

3 **Complétez ces phrases avec *on* ou *on n'*.**

1. ....a pas voulu faire ce qu'.......... nous demandait. **2.** .... croyait aux vampires à l'époque. **3.** ....a préféré partir à la découverte d'un lieu qu'..........avait jamais vu. **4.** ....a jamais vraiment su la vérité sur cette affaire de vol. **5.** Quand ....a pas suffisamment dormi, ... est souvent peu efficace. **6.** .... a toujours eu des doutes sur sa culpabilité.

Je lis et je m'exprime

4 **Dictée préparée. Justifiez l'orthographe des homophones *on* ou *on n'*, puis écrivez le texte sous la dictée de votre professeur.**

On a décidé que la journée serait douce ; alors, on se lève, on s'installe sur le canapé en sirotant le premier café, le chat à ses côtés, et on n'a pas l'intention de se presser. On n'a nulle envie de se hâter : seul compte le moment présent. D'ailleurs, on n'est pas attendu et c'est tant mieux. Le téléphone peut sonner, on n'envisage pas de répondre. Oui, la journée sera douce.

5 **À vos plumes !**

Inventez cinq ou six proverbes commençant par *on* ou par *on n'*.
Vous ferez alterner les phrases affirmatives et négatives, en employant différentes formes de négation. Vous utiliserez au moins une fois la tournure *ne... que*.

Compétences validées

	☹	😐	☺
J'ai orthographié correctement les homophones.			
J'ai utilisé le présent de vérité générale.			
J'ai varié les particules de négation.			

ÉVALUATION

Je fais le point sur mes connaissances

1 a. Dans ce texte, soulignez tous les mots qui s'accordent avec l'un des noms en gras.

Soudain, un **être** abominable surgit. Terrifiée, la jeune **femme** fit un bond en arrière. La **chose** qui venait d'apparaître semblait prête à attaquer sa **victime** prise au piège.

.... /2

b. Réécrivez le texte en mettant les noms en gras au pluriel.

....

....

....

....

....

.... /2

2 Conjuguez les verbes au présent.

1. Quand .... (*compter*)-tu venir ? C'est toi qui .... (*décider*). **2.** Ces jeunes .... (*désirer*) étudier. **3.** Toi et moi .... (*partager*) ce point de vue. **4.** Elle et toi .... (*partir*) en Espagne. **5.** Mes amis et moi .... (*être*) ravis de rencontrer des gens qui, comme nous, ... (*pratiquer*) l'escalade.

.... /3,5

3 Accordez les participes passés de ce texte.

De retour à Paris, Maxime et Tania ont retrouv..... le magasin intact mais constat..... avec dépit l'opulence des commerces voisins. Ceux qui n'ont pas été oblig...... de fuir ont bât..... de véritables fortunes [...]. Louise les a attend....., elle a veill..... sur leurs biens [...]. Elle a survéc..... aux épreuves, aux humiliations.

Philippe Grimbert, *Un secret*, Grasset, 2004.

.... /3,5

4 Complétez ces phrases par l'homophone qui convient.

a. on | on n'

1. .... était tellement bien qu'.......... a pas vu le temps passer.

2. Qu'est-ce qu'.......... attend pour être heureux ?

3. .... a pas l'habitude de les voir.

4. « .... est pas sérieux quand .... a dix-sept ans » (Arthur Rimbaud).

.... /3

b. sans | s'en | sent | c'en

1. Elles sont revenues .... regrets.

2. Il .... retourne chez lui.

3. Ça .... le roussi.

4. .... est trop !

5. Ils ont agi .... scrupule mais ils .... mordront les doigts.

.... /3

c. quand | quant | qu'en

1. J'ai aimé ce film ; .... as-tu pensé ?

2. Il n'y a .... agissant que tu progresseras.

3. Je partirai .... bon me semblera ; .... à vous, laissez-moi !

4. .... iras-tu au Louvre ?

5. .... aux suspects, ils ont un alibi.

.... /3

Total .... /20

Comptez vos points

Comptez 0,5 point par bonne réponse.

Vous avez 15 à 20 points : Bravo ! Ces notions n'ont plus de secrets pour vous !

Vous avez 11 à 14 points : Vous y êtes presque ! Encore quelques efforts et vous deviendrez incollable.

Vous avez 8 à 10 points : Vous êtes sur la bonne voie ! Relisez les pages 82 à 90 puis recommencez les exercices.

Vous avez 0 à 7 points : Relisez les pages 82 à 90. Pour comprendre vos erreurs, discutez-en avec votre professeur.

40 La formation des mots

Je retiens

- Il existe en français des **mots simples**, sans suffixes ni préfixes : *gel, soupe, joie, terre...*
- On peut former des **mots composés** en rapprochant plusieurs mots, souvent reliés par un trait d'union ou par une préposition : *cuillère à soupe, rabat-joie, terre-plein, gel douche...*
- On peut former des **mots dérivés** en ajoutant des préfixes et/ou des suffixes à un radical.

Préfixe Il change le sens du mot. *at-*	+	**Radical** « Racine » du mot. *-terr-*	+	**Suffixe** Il change le sens et/ou la classe du mot. *-ir*

gel (nom) radical — *geler* (verbe) radical + suffixe — *dégel* (nom) préfixe + radical — *dégeler* (verbe) préfixe + radical + suffixe

- On appelle **famille de mots** un ensemble de mots qui ont un radical commun.
Famille du mot ***terre*** *→ terrain, territoire, terrestre, terrasse, enterrer, atterrir...*

Je m'exerce

1 Classez les mots selon qu'ils sont simples, dérivés ou composés.

train • détenir • porte-monnaie • narrateur • table • livre • wagon-lit • sac à dos • incorrect

Mots simples : ....

Mots dérivés : ....

Mots composés : ....

2 Dans chaque liste, entourez le mot qui ne fait pas partie de la même famille que les autres.

1. soleil • solaire • ensoleillement • solitude **2.** conte • raconter • comté • conteur • conter
3. haïr • air • aérien • aéroport • aération **4.** lumière • allumer • lunaire • luminaire • lumineux

3 Dans chacun des mots dérivés suivants, identifiez le préfixe, le radical et le suffixe.

Mot	Préfixe	Radical	Suffixe
immortaliser	....	....	....
surnaturel	....	....	....
amoureux	....	....	....
noirâtre	....	....	....
renfermer	....	....	....

4 Rassemblez les mots appartenant à une même famille, puis soulignez leur radical commun.

débattre • un sens • une version • une batte • un vers • insensé • désensibiliser • le rabatteur • un combattant • l'aversion • sensiblement • sensationnel • battre • inverser • un contresens

....

....

....

Je lis et je m'exprime

5 **Jouez au cadavre exquis : par groupes de trois, inventez des mots dérivés.**
Sur un bout de papier, un(e) élève note un préfixe et replie le papier pour le masquer. À sa suite, un(e) deuxième élève note un radical et un(e) troisième élève note un suffixe. Dépliez le morceau de papier, découvrez votre nouveau mot et inventez à l'oral une phrase qui en illustrera le sens. Recommencez trois fois en échangeant les rôles.

6 **Lisez ce texte et répondez aux questions.**

Le banquier Saccard regarde les toits de Paris.

Et ses regards, amoureusement, redescendaient toujours sur cette mer vivante et pullulante, d'où sortait la voix profonde des foules. On était à l'automne ; la ville, sous le grand ciel pâle, s'alanguissait, d'un gris doux et tendre, piqué çà et là de verdures sombres, qui ressemblaient à de larges feuilles de nénuphars nageant sur un lac.

Émile Zola, *La Curée*, 1871.

a. Comment la ville de Paris apparaît-elle ? Justifiez votre réponse en citant le texte.

....

....

....

b. Le personnage apprécie-t-il Paris ? Relevez un adverbe qui justifie votre réponse. Expliquez la composition de ce mot.

....

....

....

c. Relevez au moins deux autres mots dérivés dans ce texte.

....

7 **En supprimant ou modifiant les suffixes, trouvez les noms correspondants aux verbes suivants.**

1. Embrasser → nom : ....

2. Heurter → nom : ....

3. Châtier → nom : ....

4. Débattre → nom : ....

8 **Réécriture. Réécrivez ce texte en remplaçant les mots en gras par leurs antonymes. Vous emploierez des préfixes pour les former.**

Sylvain me **plaît**. Il se montre toujours **agréable**, toujours **sympathique**. Je n'ai jamais rencontré d'homme si **poli**. C'est un véritable **lettré** ! Il rend les autres **heureux**. J'avais apprécié notre première rencontre : cette impression était **fondée** et **légitime**.

....

....

....

....

....

....

9 **À vos plumes !**

Inventez un dialogue de théâtre absurde entre deux personnages.
Ce dialogue contiendra le plus possible de mots appartenant à la même famille. Vous utiliserez aussi les mots inventés pour l'exercice 5.

Compétences validées	☹	😐	☺
Mon texte est un dialogue de théâtre.			
Mon texte comporte plusieurs mots de la même famille.			
Mon texte comporte des mots inventés.			

Je retiens

- En français, la grande majorité des mots vient du **latin** : *terre vient du latin* terra.
  De nombreux termes, surtout scientifiques, viennent du **grec ancien** : *schéma vient du grec* skhèma (= forme).
- On peut former des mots en **réunissant deux radicaux d'origine grecque et/ou latine**.
  Reconnaître l'origine d'un mot permet donc de deviner son sens.
  Misanthrope vient des radicaux grecs mis- (= qui déteste) et -anthrope (= les êtres humains)
  → misanthrope = qui déteste l'humanité
- Connaître les racines d'un mot sert à **retenir son orthographe**.
  Les **lettres muettes** d'un mot sont souvent liées à son étymologie. Ces lettres existaient et se prononçaient dans le mot grec ou latin correspondant : *tem**ps** vient du latin* tem**pus**.
- Le français a également **emprunté des mots à des langues étrangères**, comme l'arabe (*algèbre*), l'italien (*pantalon*), l'anglais (*redingote*)...

Je m'exerce

Comparons nos langues

Certains mots anglais ont un sens proche de leur étymologie. Ainsi, *timid*, issu du latin *timeo* (= avoir peur), signifie *peureux*. Comment dit-on *timide* en anglais ?

10 Reliez ces différents mots à leur origine latine. Aidez-vous de leur orthographe.

disciple •	• *hospitalis*
champ •	• *auscultare*
doigt •	• *discipulus*
hôpital •	• *digitus*
ausculter •	• *campus*

11 Parmi ces mots latins, relevez-en trois qui sont employés tels quels en français, puis donnez leur définition.

lapsus (= glissement) • *canis* (= chien) • *curriculum vitae* (= parcours de vie) • *quiproquo* (= une chose pour une autre) • *lex* (= loi) • *aqua* (= eau)

....

....

....

12 Le mot ville se dit *urbs, urbis* en latin. Donnez trois mots français issus de ce mot latin, selon les natures de mots indiquées.

1. Un nom : .... **2.** Un adjectif : .... **3.** Un verbe : ....

13 a. Trouvez les mots correspondant à ces définitions, formés à partir de racines grecques.

1. Étude de l'ensemble des êtres vivants : .... **2.** Étude des roches et des terrains : .... **3.** Étude de l'origine des mots : ....

b. Quelle racine grecque ces mots ont-ils en commun ? Que signifie-t-elle ?

....

14 Complétez ce tableau à partir des racines latines proposées et en fonction des natures demandées.

Racines latines	Noms	Verbes	Adjectifs
Leg- (loi)	....	....	....
Somn- (sommeil)	....	....	....
Cord- (cœur)	....	....	....

Je lis et je m'exprime

15 **Lisez ce texte et répondez aux questions.**

Cyrano de Bergerac se moque lui-même de son énorme nez. Dans cette tirade, il imagine les railleries qu'on pourrait lui dire sur différents tons.

CYRANO

[...] Gracieux : « Aimez-vous à ce point les oiseaux
Que paternellement vous vous préoccupâtes
De tendre ce perchoir à leurs petites pattes ? » [...]
Tendre : « Faites-lui faire un petit parasol
De peur que sa couleur au soleil ne se fane ! »
Pédant : « L'animal seul, monsieur, qu'Aristophane[1]
Appelle Hippocampelephantocamélos
Dut avoir sous le front tant de chair sur tant d'os ! »

Edmond Rostand, *Cyrano de Bergerac*, 1897.

1. **Aristophane** : auteur grec de comédies au ve siècle av. J.-C.

a. En quoi ce texte est-il comique ?

....

....

b. Que signifie l'adverbe *paternellement* dans ce texte ? Donnez son étymologie.

....

....

....

c. Relevez un mot inventé venant du grec. Séparez les différents radicaux qui le constituent et traduisez-les en français.

....

....

....

....

16 **Rédigez des définitions de dictionnaire pour les mots suivants. Vous donnerez l'étymologie et la signification du mot, ainsi qu'un exemple qui en éclairera le sens.**

Médiathèque

Étymologie : ....

Définition : ....

Exemple : ....

Francophile

Étymologie : ....

Définition : ....

Exemple : ....

17 **Dictée préparée. Lisez attentivement ce texte et répondez aux questions.**

Devant le professeur de maths, Mario voulait se disculper. Oui, le triangle sur sa feuille était dissymétrique, mais il avait mal lu la consigne. Il était différent, dissemblable, parce que, face à la consigne, ses yeux avaient dysfonctionné.

a. Soulignez les mots qui commencent par le préfixe latin *dif-* ou *dis-* (= hors de, à part).

b. Entourez le mot qui commence par le préfixe grec *dys-* (= mal, difficilement).

c. Pourquoi y a-t-il deux *-f* dans le mot *différent* ?

....

....

d. Écrivez ce texte sous la dictée de votre professeur.

18 **À vos plumes !**

Cherchez au moins cinq mots latins employés tels quels en français et se terminant par *-um*. Puis écrivez un récit de six ou sept lignes où vous emploierez et soulignerez ces mots.

Compétences validées

	☹	😐	☺
J'ai écrit un texte cohérent.			
Mon texte comporte des mots latins en *-um*.			
J'ai souligné les mots latins en *-um*.			

41 Synonymes et antonymes, homonymes et paronymes

Je retiens

Antonymes et synonymes sont des mots de **même nature, liés par le sens.**

Antonymes	**Synonymes**
Mots de sens opposé : *force ≠ faiblesse.*	Mots de sens proche : *force – énergie.*

Deux synonymes se distinguent par :
- des **nuances de sens** : *grand – vaste // grand – noble* ;
- des **différences d'intensité** : *grand* < *immense* < *gigantesque* < *monumental* ;
- leur **registre de langue** ou leur **époque** : *robuste* (soutenu) – *fort* (courant) – *baraqué* (familier).

Je m'exerce

1 **a. Dans cette liste de mots, entourez les synonymes du verbe *aimer* et soulignez ses antonymes.**

adorer • maudire • apprécier • affectionner • détester • chérir • abhorrer • estimer • haïr • abominer

b. Classez les mots de chaque liste en fonction de leur degré d'intensité, du plus faible au plus fort.

Synonymes : ………… < ………… < ………… < ………… < …………

Antonymes : ………… < ………… < ………… < ………… < …………

2 **a. Remplacez les mots en gras par un synonyme.**

1. Je lui ai **donné** un cadeau. → ………… **2.** Il s'est bien **conduit**. → …………

b. Remplacez les mots en gras par un antonyme.

1. Jean **finit** ses cours à 14 heures. → …………

2. Elle a parlé très **brièvement** aujourd'hui. → …………

Je lis et je m'exprime

3 **Lisez ce texte de Maupassant et répondez aux questions.**

L'homme était très grand et maigre, un peu voûté, avec des cheveux tout blancs, trop blancs pour sa physionomie jeune encore ; et il avait dans son allure et dans sa personne quelque chose de grave [...]. La fille [...] était petite, fort maigre aussi, fort pâle, avec un air las, fatigué, accablé.

Guy de Maupassant, *Le Tic*, 1884.

a. De quoi est-il question dans ce texte ?

…………

b. Quelle remarque pouvez-vous faire sur les mots *las*, *fatigué* et *accablé* ?

…………

…………

…………

c. Réécrivez ce texte afin d'en faire une description opposée. Pour cela, remplacez de nombreux mots par leurs antonymes.

…………

…………

…………

Je retiens

Paronymes et homonymes sont des **mots de sens différents, liés par le son.**

Paronymes	Homonymes
Mots aux sonorités proches : *poison / poisson.*	Mots aux sonorités identiques : *je joue / la joue.*

Je m'exerce

4 Complétez chaque phrase avec l'un des mots dans les étiquettes. Attention aux paronymes : il y a cinq mots qu'il ne faut pas employer.

irruption | inviter | éviter | embrassé | effraction
embrasé | éruption | émigrer | immigrer | infraction

1. Le voleur est entré par .... **2.** Le pays est en guerre, beaucoup souhaitent .... **3.** Le volcan est entré en .... **4.** Le feu s'est .... **5.** Il faut absolument .... nos amis à manger.

Comparons nos langues

Il existe des homonymes dans toutes les langues. Ainsi, en allemand, le mot *Ball* désigne un ballon, mais a également un autre sens : lequel ? Aidez-vous du terme français homonyme.

Je lis et je m'exprime

5 Lisez ce poème et répondez aux questions.

Et la mer et l'amour ont l'amer pour partage,
Et la mer est amère, et l'amour est amer,
L'on s'abîme en l'amour aussi bien qu'en la mer,
Car la mer et l'amour ne sont point sans orage.

Pierre de Marbeuf, *Recueil de vers*, 1628.

a. Comment est évoqué l'amour dans ce poème ?

....

....

b. Relevez deux homonymes et deux paronymes. Pourquoi l'emploi des paronymes et homonymes est-il important dans ce texte ?

....

....

....

6 Pour chacun des homonymes de cette liste, écrivez deux phrases qui mettront leurs différents sens en évidence. *Exemple : Vase ⇨ Cette mare est pleine de vase. J'ai mis une fleur dans ce vase.*

Page → ....

Mousse → ....

Console → ....

7 À vos plumes !

Imaginez des quiproquos rigolos.
Rédigez un dialogue de théâtre qui sera une suite de quiproquos causés par l'emploi de divers homonymes et paronymes. Pour tenter de résoudre ces quiproquos, les personnages utiliseront des synonymes et des antonymes.

Compétences validées

	☹	😐	☺
J'ai écrit un dialogue de théâtre.			
J'ai créé des quiproquos à partir de paronymes et d'homonymes.			
Mon dialogue contient des synonymes et des antonymes.			

42 Champ lexical et champ sémantique

Je retiens

Il ne faut pas confondre champ lexical et champ sémantique.

On appelle **champ lexical l'ensemble des mots de différentes natures qui se rapportent à un même thème.**

Champ lexical de la presse

- **Noms** : *journal, magazine...*
- **Verbes** : *informer, imprimer...*
- **Adjectifs, adverbes...** : *médiatique, actuellement...*

Le **champ sémantique** concerne les **mots qui ont plusieurs sens** (polysémiques).
Le champ sémantique d'un mot est **l'ensemble des sens de ce mot.**

Champ sémantique du mot *casser*

Sens propres
- Casser = briser. *Il a cassé une assiette.*
- Casser = mettre hors d'usage. *Ma voiture est cassée.*

Sens figurés
- Casser = annuler. *Le tribunal a cassé le jugement.*
- Casser les pieds = énerver. *Ça me casse les pieds !*

Je m'exerce

1 Entourez les mots appartenant au champ lexical du doute.
douteux • évidence • sublime • perplexe • hésiter • exact • troublant • affirmer • incertain • soleil • soupçonner

2 Parmi ces mots, soulignez ceux qui sont polysémiques.
feuille • chêne • cathédrale • note • grave • article • silex • tasse • tableau • tiède • concentré • clair • caractère

3 Remplissez cette grille avec des mots polysémiques, en vous aidant des définitions ci-dessous.
A. 1. objets que l'on lit ; 2. monnaie anglaise. **B.** 1. transparent, à travers lequel on peut voir ; 2. facile à comprendre. **C.** 1. faire le bruit du tonnerre ; 2. faire des reproches, réprimander. **D.** 1. lien fait de maillons de métal ; 2. esclavage. **E.** 1. perdu ; 2. affolé.

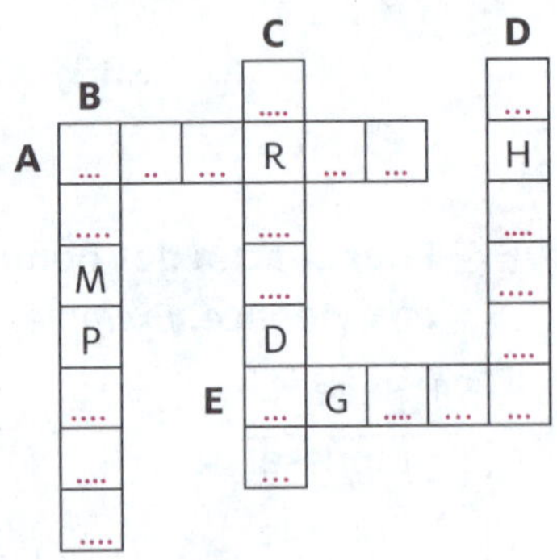

Comparons nos langues

En allemand, *aus den Latschen kippen* (littéralement, « basculer hors de ses pantoufles ») est une expression figurée qui signifie *s'évanouir*. Cherchez des expressions françaises de même sens.

4 Rédigez deux phrases pour chacun de ces mots ; dans l'une, le mot sera au sens propre, dans l'autre, au sens figuré.

1. Dévorer → ....

2. Être mort → ....

3. Pépin → ....

4. Gagner → ....

Je lis et je m'exprime

5 À tour de rôle, énoncez un thème devant vos camarades : à eux de trouver dix mots qui appartiennent au champ lexical de ce thème.

6 Lisez ce texte et répondez aux questions.

Ma jeunesse ne fut qu'un ténébreux orage,
Traversé çà et là par de brillants soleils;
Le tonnerre et la pluie ont fait un tel ravage,
Qu'il reste en mon jardin bien peu de fruits vermeils.

Voilà que j'ai touché l'automne des idées,
Et qu'il faut employer la pelle et les râteaux
Pour rassembler à neuf les terres inondées,
Où l'eau creuse des trous grands comme des tombeaux.
[...]

Charles Baudelaire, « L'Ennemi » *Les Fleurs du Mal*, 1857.

a. De quelles périodes de la vie du poète est-il question dans ce poème ? Quel mot du vers 5 est employé au sens figuré ?

....

....

b. Relevez dans ce texte quatre autres mots employés au sens figuré.

....

....

c. Quels champs lexicaux trouve-t-on dans ces huit vers ?

....

....

d. Que cherche à exprimer le poète ?

....

7 Pour chacun de ces mots, écrivez deux phrases qui mettront en valeur deux de ses sens.

1. astre → ....
   → ....
2. cafard → ....
   → ....
3. dos → ....
   → ....

8 Dictée préparée. Lisez le texte et répondez aux questions.

Lorsque j'arrivai, je fus regardé comme si j'avais été envoyé du ciel : vieillards, hommes, femmes, enfants, tous voulaient me voir. Si je sortais, tout le monde se mettait aux fenêtres [...]. Chose admirable ! je trouvais de mes portraits partout, je me voyais multiplié dans toutes les boutiques, sur toutes les cheminées, tant on craignait de ne m'avoir pas assez vu !

Charles de Montesquieu, *Lettres persanes*, 1721.

a. Soulignez les mots appartenant au champ lexical de la vue.

b. Le mot *multiplié* est-il employé au sens propre ou figuré ? Donnez un moyen de retenir son orthographe.

....

....

c. Écrivez ce texte sous la dictée de votre professeur.

9 À vos plumes !

Écrivez deux récits de cinq lignes autour du mot *lumière*.
Le premier évoquera le mot dans son sens propre, le second dans un sens figuré. Vous écrirez ces récits au passé et à la 3e personne.

Compétences validées

	☹	😐	☺
J'ai rédigé deux récits au passé et à la 3e personne.			
J'ai employé lumière au sens propre.			
J'ai employé lumière au sens figuré.			

43 Exprimer son opinion

Je retiens

Exprimer son opinion consiste à **émettre un jugement, qui peut être positif ou négatif.**

Vocabulaire

- Opinion positive : **lexique valorisant ou mélioratif**. *bien, admirer, beauté*
- Opinion négative : **lexique dévalorisant ou péjoratif**. *laid, honte, horrible*

Figures de style

- **Métaphores, comparaisons, hyperboles.** *un vrai ange, aimable comme une porte de prison, c'est absolument inouï*

Pour modaliser son opinion, on peut employer des **verbes de pensée** (*je pense que, je crois que, j'estime que*…), ainsi que des tournures telles que *à mon avis, d'après moi*…
On peut ainsi **nuancer ou, au contraire, affirmer fortement son opinion** en exprimant :

- **Un doute** → *Je ne suis pas sûr(e) que* + subjonctif.
- **Une certitude** → *Je suis persuadé(e) que, il est évident/certain que* + indicatif.
- **Une nécessité** → *Il est nécessaire/indispensable que* + subjonctif.
- **Une possibilité** → *Il est probable/possible que* + subjonctif.

Les figures de style, p. 78.

Je m'exerce

1 Classez les adjectifs et adverbes suivants dans le tableau ci-dessous.
aberrant • bêtement • admirable • vil • inadmissible • mal • réfléchi • subtil • ingénieux • magnifiquement

Lexique mélioratif	Lexique péjoratif
....	....
....	....
....	....
....	....
....	....

À noter
Les mots du lexique péjoratif peuvent contenir **des suffixes dépréciatifs** : *jaun**asse**, bell**âtre**…*

2 Les mots suivants sont tous mélioratifs. Donnez leurs antonymes, péjoratifs.

1. moral ≠ ....
2. sensé ≠ ....
3. concevable ≠ ....
4. tolérable ≠ ....
5. lucide ≠ ....
6. attachant ≠ ....
7. rassurant ≠ ....
8. solide ≠ ....
9. ouvert ≠ ....
10. supportable ≠ ....

Je lis et je m'exprime

3 Exprimez votre opinion sur un proverbe.
Écrivez chacun(e) un proverbe ou une phrase générale sur une demi-feuille, pliez-la et mélangez-la aux feuilles de vos camarades. Puis piochez l'un des proverbes et lisez-le à voix haute devant la classe. Dites s'il est, selon vous, plutôt vrai ou plutôt faux, et justifiez votre opinion avec un argument et un exemple.

4 **Préparez un débat sur le thème : « L'argent fait-il le bonheur ? »**

En groupes, vous chercherez des arguments et des exemples pour appuyer votre opinion. Vous donnerez ensuite votre avis en décrivant vos exemples avec un lexique mélioratif.

5 **Lisez ce texte et répondez aux questions.**

Je suis de ceux qui pensent et qui affirment qu'on peut détruire la misère. [...]

Il y a des rues, des maisons, des cloaques[1], où des familles, des familles entières, vivent pêle-mêle, hommes, femmes, jeunes filles, enfants, n'ayant pour lits, n'ayant pour couvertures, j'ai presque dit pour vêtement, que des monceaux infects de chiffons en fermentation, ramassés dans la fange du coin des bornes, espèce de fumier des villes, où des créatures s'enfouissent toutes vivantes pour échapper au froid de l'hiver.

Victor Hugo, *Discours sur la misère*, 9 juillet 1849.

1. **Cloaques :** lieux sales comme des égouts.

a. Soulignez les termes péjoratifs dans ce texte.

b. Victor Hugo affirme-t-il ou nuance-t-il son opinion ? Relevez un procédé d'écriture qui le montre.

....

....

....

c. Relevez deux métaphores dans le texte. Quels sentiments Victor Hugo cherche-t-il à créer avec ces figures de style ?

....

....

....

....

6 **Complétez les phrases suivantes en exprimant un jugement mélioratif ou péjoratif, selon l'indication entre parenthèses. Veillez à conjuguer les verbes au mode qui convient.**

1. Il est évident que la lecture .... (*mélioratif*).

2. Il est certain que la violence .... (*péjoratif*).

3. On ne peut douter que l'ouverture d'esprit .... (*mélioratif*).

4. Il est inadmissible que la guerre .... (*péjoratif*).

5. Il se peut que la pratique d'un art martial .... (*mélioratif*).

6. Il est évident que la présence d'animaux domestiques ....

.... (*mélioratif*).

7. Il est certain que la pratique excessive des jeux vidéo .... (*péjoratif*).

7 **Réécrivez ce texte de manière à nuancer le jugement en exprimant le doute et la possibilité.**

Quelle grande chose, être aimé ! Quelle chose plus grande encore, aimer ! Le cœur devient héroïque à force de passion.

Victor Hugo, *Les Misérables*, 1862.

....

....

....

....

....

8 **À vos plumes !**

Vous admirez quelque chose ou quelqu'un : un livre, un film, une célébrité...

Exprimez votre avis afin que l'on comprenne votre jugement. Vous utiliserez des verbes de pensée, des adjectifs, verbes et adverbes mélioratifs et vous emploierez une comparaison et une hyperbole.

Compétences validées

	☹	😐	☺
J'ai rédigé un éloge.			
J'ai utilisé un lexique mélioratif.			
J'ai utilisé des verbes de pensée.			
J'ai employé une comparaison et une hyperbole.			

44 Exprimer ses sentiments

Je retiens

▶ Le vocabulaire des sentiments permet de **nommer et de nuancer des sentiments et des émotions.** Il permet de **caractériser un personnage et ses réactions** dans un récit ou au théâtre. Il sert **à transmettre les états d'âme du poète** dans la poésie.

Les émotions	**Les sentiments**
↓	↓
États provisoires : *surprise, peur, colère...*	États durables : *amour, haine, bonheur...*

▶ Les sentiments peuvent aussi s'exprimer à travers la description de **manifestations physiques.**

être surpris → rester bouche bée *être en colère → devenir vert de rage*

▶ L'intensité d'un sentiment ou d'une émotion peut également être transcrite par :

- des **outils grammaticaux** : type de phrases et ponctuation, adverbes, adjectifs ;
- des **figures de style** : métaphore, comparaison...

Je m'exerce

1 Classez les mots de cette liste du plus faible au plus fort selon qu'ils expriment la joie ou la colère.

ravi • rageur • furieux • enthousiaste • irrité • allègre • joyeux • fulminant • courroucé • euphorique

Joie ⟶

.... < .... < .... < .... < ....

Colère ⟶

.... < .... < .... < .... < ....

2 Classez les mots suivants dans le tableau selon l'émotion ou le sentiment qu'ils expriment.

abasourdi • s'attrister • rabaisser • être ébahi • dédaigner • abattu • ahuri • désespoir • affligé • stupéfaction • bafouer

Mépris	Tristesse	Étonnement
....	....	....
....	....	....
....	....	....
....	....	....

Comparons nos langues

L'expression française *broyer du noir*, qui signifie être déprimé, se dit en anglais *to feel blue* ou *to have got the blues* : de quelle couleur s'agit-il ? Pourquoi désigne-t-elle aussi un style de musique, le blues ?

3 a. Complétez les expressions suivantes en vous aidant de l'indication entre parenthèses.
b. Pour chacune d'entre elles, donnez une expression exprimant le même sentiment.

1. Avoir le vague .... (*tristesse*) = ...

2. Tomber des .... (*étonnement*) = ...

3. Entrer dans une .... (*colère*) = ...

4. Avoir le cœur qui bat .... (*amour*) = ...

5. Rire aux .... (*joie*) = ...

Je lis et je m'exprime

4 **Mimez les manifestations physiques d'une émotion.**

Répartissez-vous en binômes. L'un(e) de vous met en scène des expressions du visage et du corps. Le ou la second(e) élève doit décrire ces expressions de manière détaillée en l'associant à un sentiment ou une émotion.

Exemple : *Tu as les sourcils froncés, tes yeux se sont assombris, ton regard est fixe, tu souffles fort : je crois que tu veux exprimer une colère qui est en train de monter.*

5 **Lisez ce texte et répondez aux questions.**

Que de fois elle m'a dit : « Ô mon jeune amant ! je t'aime comme l'ombre des bois au milieu du jour ! Tu es beau comme le désert avec toutes ses fleurs et toutes ses brises. Si je me penche sur toi, je frémis ; si ma main tombe sur la tienne, il me semble que je vais mourir. »

François-René de Chateaubriand, *Atala*, 1801.

a. Identifiez le sentiment exprimé dans ce texte. Justifiez votre réponse en relevant son champ lexical.

....

....

b. Quel type de phrases est employé deux fois ? Quel effet cela produit-il ?

....

....

....

c. Relevez des figures de style qui rendent l'expression du sentiment plus intense.

....

....

6 **Réécriture. a. À qui s'adresse le personnage ? Justifiez par deux indices grammaticaux précis.**

....

b. Soulignez dans le texte suivant tous les mots qui expriment l'amour.

c. Réécrivez le texte de manière à ce qu'il exprime la haine, et non l'amour.

Ô vous, que j'aime ! ô toi, que j'adore ! Ô vous, qui avez commencé mon bonheur ! ô toi, qui l'as comblé ! Amie sensible, tendre amante, pourquoi le souvenir de ta douleur vient-il troubler le charme que j'éprouve ?

Choderlos de Laclos, *Les Liaisons dangereuses*, 1782.

....

....

....

....

....

....

7 **À vos plumes !**

En quelques lignes, écrivez la suite immédiate de ce texte, en insistant sur le sentiment éprouvé par Sophie.

Plus Sophie rougissait et baissait la tête, plus elle prenait un air embarrassé et malheureux, et plus ses cheveux ébouriffés et ses vêtements mouillés lui donnaient un air risible.

La comtesse de Ségur, *Les Malheurs de Sophie*, 1858.

Compétences validées	☹	😐	☺
J'ai gardé le même type de narrateur.			
J'ai écrit mon texte aux temps du passé.			
J'ai identifié le sentiment exprimé dans l'extrait.			
J'ai employé au moins quatre mots du champ lexical de ce sentiment.			

45 La ville

Je retiens

- Le thème de la ville tient une place privilégiée dans la littérature, aussi bien comme **espace géographique** que comme **source d'inspiration**.
- Les descriptions et évocations de la ville peuvent servir à :
  - fournir un cadre spatial à un récit ;
  - caractériser un espace urbain spécifique ;
  - donner une atmosphère particulière ;
  - proposer une vision imaginaire de la ville.

Je m'exerce

Comparons nos langues

L'anglais a deux mots pour désigner la ville : *city* et *town*. Comment traduiriez-vous en français l'expression *in town* ?

1 Complétez les phrases suivantes avec ces mots du champ lexical de la ville, en faisant les accords nécessaires.

agglomération • capitale • centre • faubourg • banlieue • commune • bourg

1. Rome est la .... de l'Italie. **2.** L' .... de Reims compte environ 220 000 habitants. **3.** Les .... se sont construits autour de l'ancienne enceinte de la ville. **4.** Notre .... sera bientôt jumelée avec une ville irlandaise. **5.** Le .... historique du Vieux Lyon regorge de trésors architecturaux. **6.** Il habite en région parisienne et, tous les jours, il doit prendre le RER pour rejoindre la .... nord. **7.** Nous vivons dans un .... où il n'y a que deux petits commerces.

2 a. Dans cette liste de mots, rayez ceux qui n'appartiennent pas au champ lexical de la ville.

avenue • boutique • immeuble • grange • lampadaire • village • bitume • sentier • néon • bus • pavillon • rue • chemin de terre • hypermarché • gratte-ciel • boulevard • tramway

b. Classez les mots restants dans le tableau suivant, et trouvez deux mots à ajouter à chaque colonne.

Transport	Lumière	Habitation	Commerce	Voie de circulation
....	....	....	....	....
....	....	....	....	....
....	....	....	....	....
....	....	....	....	....
....	....	....	....	....
....	....	....	....	....

3 Complétez ce texte avec les verbes de mouvement suivants, qui caractérisent la promenade dans une ville. Faites les accords nécessaires.

emprunter | prendre | longer | sortir | traverser | croiser | bifurquer

Il .... de chez lui et décida d' .... la longue avenue qui .... sa rue. Changeant de direction, il .... à l'angle des immeubles rouges et se trouva face à un jardin public, qu'il .... jusqu'au bout avant de .... la direction de l'université. Arrivé devant les grilles du bâtiment principal, il .... une cour dans toute sa longueur.

Je lis et je m'exprime

4 **Décrivez des monuments par des métaphores.**

Dans le poème « Zone » (*Alcools*), le poète Apollinaire emploie les images suivantes pour décrire Paris : « Bergère ô Tour Eiffel le troupeau des ponts bêle ce matin. » Choisissez un monument célèbre d'une grande ville et inventez une métaphore pour le désigner, à la manière d'Apollinaire. Proposez vos métaphores à vos camarades, qui devront deviner de quelle ville il s'agit.

↘ Les figures de style, p. 78.

5 **Lisez ce texte et répondez aux questions.**

La pluie, dure et drue, avait nettoyé la chaussée et balayé les innombrables détritus qui traînent habituellement dans les rues du Sentier. [...]

Le camaïeu gris des immeubles s'ombrait de taches crépusculaires. Par vagues, les boutiques se vidaient : rush saccadé vers le métro de la Porte Saint-Denis ; la foule des employés, des derniers clients, se glissait entre les voitures plaquées sur la chaussée. Un riff de klaxon syncopait le slalom des piétons.

Joseph Bialot, *Le Salon du prêt-à-saigner*, Gallimard, 1978.

a. Soulignez les termes appartenant au champ lexical de la ville.

b. Quel moment de la journée est décrit dans ce texte ? Justifiez votre réponse.

....

....

c. En vous aidant d'un dictionnaire, expliquez le sens des termes *camaïeu*, *riff* et *syncopait*. À quelles sensations renvoient-ils ?

....

....

....

....

d. Cherchez d'autres mots du texte se rattachant à ces sensations.

....

....

6 **Réécriture. a. Soulignez tous les mots qui insistent sur la vision péjorative de la ville.**

Il venait de revenir dans sa ville natale et découvrait un triste spectacle : les rues étaient sales et grises, le sol était jonché de sacs d'ordures éventrés, le long des immeubles.

b. Réécrivez le texte suivant de manière à rendre cette description méliorative.

....

....

....

....

....

7 **À vos plumes !**

Décrivez une ville imaginaire à partir de l'une de ces expressions.

Votre description devra permettre à votre lecteur de se représenter les lieux et être originale. Vous insisterez sur l'atmosphère de cette ville.

ville monde | ville d'eau | ville verte | ville champignon | ville tentaculaire

Compétences validées

	☹	😐	☺
Je me suis inspiré(e) de l'expression choisie.			
Ma description emporte le lecteur dans un monde urbain imaginaire.			
J'ai rendu l'atmosphère de la ville perceptible.			
J'ai rendu ma description précise et étonnante.			

46 Individu et société

Je retiens

- Pour vivre harmonieusement en société et y construire leur identité, **les individus doivent partager des valeurs communes** : règles de vie, droits et devoirs.
  Ils peuvent adhérer ou s'opposer à ces valeurs : *soutien, obéissance, lutte, hésitation, transgression...*
- La **littérature** nous présente souvent des personnages qui revendiquent leur liberté et expriment leur opinion face à un groupe, une réalité ou une institution.
  Dans la tragédie, les personnages mettent en avant leur attachement au devoir ; dans la comédie et les récits réalistes, ils tentent plutôt de défendre leur vision du monde, leurs intérêts ou encore leur confort matériel.
- La **presse** évoque également des questions de société : se pose alors pour elle **la question de la véracité et de la visée des propos.**

Je m'exerce

1 En associant ces racines grecques deux par deux, retrouvez six mots du vocabulaire des institutions et du rapport à l'autre, définis ci-dessous.

-cratie • phil- • mis- • plouto- • -ique • xéno- • -anthrope • démo- • -phobe • polit-

1. Qui concerne les affaires de l'État : .... **2.** Régime où le pouvoir est exercé par le peuple : .... **3.** Qui a peur des étrangers : .... **4.** Qui aime les êtres humains : .... **5.** Régime où les personnes les plus riches sont au pouvoir : ....
6. Qui déteste l'humanité : ....

2 Complétez ces phrases décrivant les activités de la presse avec les mots ou expressions suivants. Faites les accords nécessaires.

démêler le vrai du faux | plausible | cliché | la véracité | naïveté

1. Quand je cherche des informations sur Internet, je dois toujours chercher à .... ; dans le cas contraire, je ferais preuve de .... **2.** Le journaliste doit toujours se préoccuper de .... de ce qu'il rapporte. **3.** Ce qui est .... n'est pas forcément vrai. **4.** Les médias véhiculent de nombreux .... sur les jeunes des banlieues.

3 a. Soulignez les mots qui appartiennent au champ lexical du conflit.

obéir • querelle • rival • respect • litige • polémique • agressif • différend • mésentente • se sacrifier pour • hostile • devoirs • piété filiale • se conformer à • belliqueux

b. Précisez à quel champ lexical appartiennent les autres mots de la liste.

....

Je lis et je m'exprime

4 Évoquez devant vos camarades un problème de société contre lequel vous voudriez lutter.

Choisissez un problème grave qui, selon vous, s'oppose à l'épanouissement d'individus. Dénoncez-le en justifiant votre position par des arguments solides et des exemples concrets. Votre prise de parole doit durer trois minutes. Vos camarades donneront ensuite leur avis.

5 **Lisez ce texte et répondez aux questions.**

« Comprenez-moi bien. Le mariage pour moi n'est pas une chaîne, mais une association. J'entends être libre, tout à fait libre de mes actes [...]. Je m'engagerais, bien entendu, à ne jamais compromettre le nom de l'homme que j'aurais épousé, à ne jamais le rendre odieux ou ridicule. Mais il faudrait aussi que cet homme s'engageât à voir en moi une égale, une alliée, et non pas une inférieure ni une épouse obéissante et soumise. »

Guy de Maupassant, *Bel-Ami*, 1885.

a. Ces paroles sont-elles prononcées par un personnage masculin ou féminin ?

....

....

....

b. Relevez le champ lexical dominant, puis expliquez ce que revendique le personnage.

....

....

....

....

6 **Cherchez la définition des mots suivants et employez-les dans une phrase qui en éclairera le sens.**

1. Opprimer → Définition : ....
→ Exemple : ....

2. Assujettir → Définition : ....
→ Exemple : ....

3. Despote → Définition : ....
→ Exemple : ....

4. Joug → Définition : ....
→ Exemple : ....

7 **Dictée préparée. Lisez attentivement ce texte et répondez aux questions.**

Je demeurai là, <u>prostré</u>, saisi par un profond, un <u>invincible</u> dégoût. Une fois de plus le monde m'avait trahi. Dans les grandes capitales comme dans le plus petit atoll du Pacifique, les calculs les plus <u>sordides</u> avilissent les âmes humaines. Il ne me restait vraiment plus qu'à me retirer dans une île déserte.

Romain Gary, « J'ai soif d'innocence », *Les oiseaux vont mourir au Pérou*, Gallimard, 1962.

a. Quel est le sens des mots soulignés ? Observez leur orthographe et retenez-la.

....

....

....

....

b. Quel est l'infinitif du verbe *avilissent* ? Que signifie ce verbe ? Repérez son sujet.

....

c. Écrivez ce texte sous la dictée de votre professeur.

8 **À vos plumes !**

Deux femmes, toutes deux mères d'un collégien, discutent de l'éducation de leur enfant.
L'une veut contrôler ses actes afin de lui apprendre les valeurs de respect et de travail. L'autre, en revanche, laisse son fils gérer son temps en toute liberté. Rédigez leur dialogue. Vous emploierez le vocabulaire de la liberté et de la contrainte.

Compétences validées

	☹	😐	☺
J'ai respecté la forme du dialogue.			
J'ai opposé des arguments pertinents.			
J'ai utilisé le lexique de la liberté et de la contrainte.			

47 Le fantastique et le mystère

Je retiens

▶ Le récit **fantastique** fait surgir des **éléments surnaturels** dans un **contexte réaliste**. Confronté au **mystère**, le lecteur doit **hésiter** jusqu'à la fin du récit entre une explication rationnelle et une autre, surnaturelle.

▶ Pour écrire un récit fantastique, on exprime :

Des sensations et émotions violentes

- **Verbes de perception** : *voir, entendre...*
- Champ lexical de la **peur** : *effrayé, panique, frissonner, trembler...*
- Champ lexical de la **surprise** : *ébahi, stupéfaction, frapper d'étonnement...*

Le doute

- Champ lexical du **mystère** : *obscurité, étrange...*
- **Modalisateurs** : *probablement, il semble que, sans doute, peut-être...*
- **Phrases interrogatives** : *Avais-je perdu la tête ? Étais-je en train de rêver ?*

Je m'exerce

1 Parmi les mots suivants, entourez ceux qui appartiennent au champ lexical du mystère.

évidence • inexpliqué • ténébreux • illogique • transparent • clair • trouble • insensé • compréhensible • énigmatique

2 a. Reliez les synonymes entre eux.

sidéré •	• terrorisé
agité •	• anxieux
troublé •	• pétrifié
terrifié •	• tourmenté
inquiet •	• nerveux

Comparons nos langues

Beaucoup de mots anglais sont très proches des mots français. Que signifie *anxious* en anglais ? et *nervous* ?

b. Donnez le nom qui correspond à ces adjectifs.

sidéré : .... • agité : .... • troublé : .... • inquiet : .... • nerveux : .... • terrorisé : .... • pétrifié : ....

Je lis et je m'exprime

3 Décrivez des objets et des lieux inquiétants.

Préparez des papiers mentionnant des objets ou des lieux, puis mélangez-les. Piochez-en un au hasard, puis décrivez l'objet ou le lieu en quelques phrases à la classe de manière à le rendre inquiétant, voire effrayant. Exemple : *un parchemin* ⇨ *un parchemin sur lequel figurait une tête de mort.*

4 En binômes, racontez le début d'un récit fantastique.

a. Face à la classe, l'un(e) d'entre vous complétera l'une des phrases suivantes, de manière à introduire une atmosphère mystérieuse et angoissante.

Je m'approchai du buisson... • Je rentrai dans ma chambre... • J'étais seul(e) sur cette plage, la nuit... • Je me mis à observer la façade de cette magnifique cathédrale...

b. Le deuxième continuera le récit avec un élément perturbateur. Ses premiers mots seront « Tout à coup ».

5 **Lisez ce texte et répondez aux questions.**

Tout à coup je vis remuer le pli d'un de mes rideaux, et j'entendis un piétinement comme d'une personne qui sauterait à cloche-pied. Je dois avouer que j'eus chaud et froid alternativement, que je sentis un vent inconnu me souffler dans le dos, et que mes cheveux firent sauter, en se redressant, ma coiffure de nuit à deux ou trois pas.

Les rideaux s'entr'ouvrirent, et je vis s'avancer la figure la plus étrange qu'on puisse imaginer.

Théophile Gautier, *Le Pied de momie*, 1840.

a. Cet extrait raconte l'arrivée d'un personnage. Expliquez pourquoi il paraît mystérieux, en vous appuyant sur le texte.

…………………………………………………………

…………………………………………………………

…………………………………………………………

…………………………………………………………

…………………………………………………………

…………………………………………………………

b. Quel sentiment éprouve le narrateur ? Retrouvez-en des manifestations physiques.

…………………………………………………………

…………………………………………………………

6 **Reconstituez ces mots du champ lexical de la peur, puis employez-les dans une phrase.**

F……É……IR → …………………………………………

É……OUVA…… ……AB……E → …………………………………………

TR…… ……S……IL……IR → …………………………………………

T……TAN……SER → …………………………………………

P……R……R …………………………………………

FR……S……E → …………………………………………

CR……I……T……M……NT → …………………………………………

7 **Réécriture. Réécrivez le texte suivant en y ajoutant des marques de doute, formulées par un(e) narrateur(-trice) à la 1re personne.**

On entendait maintenant un nouveau bruit, une sorte de gémissement sourd qui passait comme une vague, d'avant en arrière, sur les tuiles : la voix du vent. Le grenier avait rapidement sombré dans l'obscurité et cela ne pouvait pas s'expliquer par la seule présence d'un nuage devant le soleil, aussi dense et noir fût-il.

Dino Buzzati, « Quand descend l'ombre », *Nouvelles oubliées*, Robert Laffont, 2009.

…………………………………………………………

…………………………………………………………

…………………………………………………………

…………………………………………………………

…………………………………………………………

…………………………………………………………

…………………………………………………………

…………………………………………………………

8 **À vos plumes !**

En un paragraphe, décrivez l'arrivée d'un élément mystérieux et effrayant.
Votre texte commencera par « C'est alors qu'apparut devant moi » et décrira les sentiments du narrateur. Vous introduirez au moins deux comparaisons.
Attention, le verbe *être* est interdit.

Compétences validées

	☹	😐	☺
Mon texte décrit un élément mystérieux.			
J'ai employé les temps du récit au passé.			
J'ai employé le champ lexical des sentiments.			
J'ai exprimé le doute par des modalisateurs.			

ÉVALUATION

Je fais le point sur mes connaissances

1 Distinguez dans la liste suivante les mots composés, simples et dérivés.

promettre • peur • malheureux • apitoyé • bien-aimé • rage

- Mots simples : ……………………
- Mots dérivés : ……………………
- Mots composés : ……………………

…… /3

2 Cherchez quatre mots dérivés de chacun des radicaux suivants.

1. Famille du mot *cité* → radical *cit-/civ-* :

……………………

2. Famille du mot *sens* → radical *sens-/sent-* :

……………………

…… /4

3 Pour chacun de ces suffixes d'origine grecque, citez deux mots qui le contiennent.

- -nomie (= loi, règle) : ……………………
- -cratie (= pouvoir) : ……………………
- -onyme (= nom) : ……………………
- -graphe (= fait d'écrire) : ……………………

…… /4

4 Reliez ces expressions à leur définition.

avoir le bras long •	• être généreux
jeter l'argent par les fenêtres •	• tenter l'impossible
avoir le cœur sur la main •	• avoir de l'influence
vouloir décrocher la lune •	• être dépensier

…… /2

5 Entourez les paronymes qui conviennent.

Guy protesta. Non, il n'était pas entré par *infraction/effraction* chez la victime, même si celle-ci avait cru le *décerner/discerner* dans l'ombre. Il n'avait pas *perpétré/perpétué* ce crime. Cette enquête était *partielle/partiale* !

…… /2

6 Associez les mots suivants par couples d'antonymes.

intrépide • enjoué • orgueilleux • abattu • froussard • modeste • pessimiste • épris • inquiet • haineux • serein • optimiste

……………………

……………………

……………………

……………………

……………………

……………………

…… /3

7 Mots mêlés. Retrouvez quatre synonymes du mot *tristesse* dans cette grille.

F	N	R	T	U	D	F	Y	E	R	P
B	J	L	C	F	W	J	P	X	M	E
I	A	F	F	L	I	C	T	I	O	N
N	H	P	F	R	G	H	H	D	S	Q
Q	B	N	O	S	T	A	L	G	I	E
V	A	B	G	H	M	G	L	N	W	T
O	G	V	F	J	L	R	D	P	M	B
E	I	I	N	C	R	I	U	P	U	L
Z	D	S	Q	F	R	N	V	K	I	L
A	T	D	O	U	L	E	U	R	O	A

Total …… /20

Comptez vos points

Comptez 0,5 point par bonne réponse.

Vous avez 15 à 20 points : Bravo ! Ces notions n'ont plus de secrets pour vous !

Vous avez 11 à 14 points : Vous y êtes presque ! Encore quelques efforts et vous deviendrez incollable.

Vous avez 8 à 10 points : Vous êtes sur la bonne voie ! Relisez les pages 92 à 109 puis recommencez les exercices.

Vous avez 0 à 7 points : Relisez les pages 92 à 109. Pour comprendre vos erreurs, discutez-en avec votre professeur.

Je fais le point sur mes compétences

8 Lisez le texte suivant et répondez aux questions.

C'était une de ces soirées d'été où l'air manque dans Paris. La ville, chaude comme une étuve, paraissait suer dans la nuit étouffante. Les égouts soufflaient par leurs bouches de granit leurs haleines empestées, et les cuisines souterraines jetaient à la rue, par leurs fenêtres basses, les miasmes infâmes des eaux de vaisselle et des vieilles sauces.

Les concierges, en manches de chemise, à cheval sur des chaises en paille, fumaient la pipe sous des portes cochères, et les passants allaient d'un pas accablé, le front nu, le chapeau à la main.

Quand Georges Duroy parvint au boulevard, il s'arrêta encore, indécis sur ce qu'il allait faire.

Guy de Maupassant, *Bel-Ami*, 1885.

a. Relevez le champ lexical de la chaleur dans le premier paragraphe.

....

b. Relevez les expressions qui personnifient la ville de Paris.

....

c. Décomposez le mot *souterraines* en préfixe, radical et suffixe.

....

d. D'après le contexte, à quelle sensation le mot *miasmes* renvoie-t-il ? Justifiez votre réponse en le rapprochant d'un autre mot du texte.

....

....

e. Donnez trois mots de la même famille que le mot *empestées*.

....

9 Dictée préparée. Relisez attentivement le passage surligné en jaune et répondez aux questions, puis écrivez cet extrait sous la dictée de votre professeur.

a. Relevez tous les mots qui ont une consonne double en *-f*. ....

b. Entourez les mots venant de ces termes latins : *noctem, gutta, fenestra*. À quels lettres ou signes devrez-vous faire particulièrement attention dans ces mots ?

....

....

c. Avec quel nom s'accorde l'adjectif *empestées* ? Justifiez cet accord.

....

d. Soulignez en bleu tous les verbes conjugués et soulignez en vert leurs sujets : à quel temps sont-ils conjugués ?

....

10 À vos plumes ! Georges Duroy rencontre un ami d'enfance, qui lui explique à quel point il déteste Paris. Georges prend la défense de la capitale.

Vous rédigerez leur dialogue, où chacun des personnages exprimera son opinion et exposera ses sentiments personnels pour la ville (enthousiasme, admiration, dégoût, lassitude…).

Compétences validées	☹	😐	☺
Maîtriser la structure, le sens et l'orthographe des mots.			
Mettre en réseau des mots.			
Analyser le sens des mots.			
Utiliser des repères étymologiques.			

48 Lire et analyser un texte

ÉTAPE 1 Identifier le genre du texte

Observez la forme du texte.
↓
Un récit contient des paragraphes, une pièce de théâtre des didascalies, un poème des vers.

Lisez le paratexte.
↓
Repérez les informations données sur le genre du texte (*acte, vers...*).

1 Lisez ces textes et remplissez le tableau suivant.

Texte 1

La scène se passe au balcon de la chambre de Juliette.

ROMÉO

Adieu, adieu ! Un baiser, et je descends. [*Il descend.*] [...]

JULIETTE

Oh ! penses-tu que nous nous reverrons ?

ROMÉO

Je n'en doute pas, et toutes ces souffrances
Seront nos doux propos dans les temps à venir.

JULIETTE

Ô Dieu, j'ai une âme qui pressent le malheur !
Il me semble que je te vois, maintenant que tu es si bas,
Comme un mort au fond d'une tombe.

William Shakespeare, *Roméo et Juliette* [1597], acte III, scène 5, trad. par J.-M. Déprats, Gallimard, 2002.

Texte 2

Apollinaire fait allusion au départ d'Annie Playden, dont il est amoureux.

L'ADIEU

J'ai cueilli ce brin de bruyère
L'automne est morte souviens-t'en
Nous ne nous verrons plus sur terre
Odeur du temps brin de bruyère
Et souviens-toi que je t'attends

Guillaume Apollinaire, « L'Adieu », tiré du recueil de poésies *Alcools*, 1913.

	Informations du paratexte	Forme du texte	Genre
Texte 1	....	....	....
Texte 2	....	....	....

ÉTAPE 2 Comprendre les informations du texte

Lisez le texte et le chapeau en entier.
↓
Répondez aux six questions de référence : où ? quand ? qui ? quoi ? comment ? pourquoi ? ↘ p. 70

Identifiez le thème du texte.
↓
Repérez les champs lexicaux dominants. ↘ p. 98

2 Lisez le texte suivant et répondez aux questions.

Texte 3

En 1867, à Paris, Mme Arnoux rend visite à Frédéric, qui l'a longtemps aimée bien qu'elle soit mariée.

« Adieu, mon ami, mon cher ami ! Je ne vous reverrai jamais ! C'était ma dernière démarche de femme. Mon âme ne vous quittera pas. [...] »

Elle défit son peigne ; tous ses cheveux blancs tombèrent.

Elle s'en coupa, brutalement, à la racine, une longue mèche.

« Gardez-les ! Adieu ! »

Quand elle fut sortie, Frédéric ouvrit sa fenêtre. Mme Arnoux, sur le trottoir, fit signe d'avancer à un fiacre qui passait. Elle monta dedans. La voiture disparut.

Et ce fut tout.

Gustave Flaubert, *L'Éducation sentimentale*, 1869.

a. À quel genre appartient ce texte ? Justifiez votre réponse.

....

b. Répondez aux six questions de référence.

- Où ? .... • Quoi ? ....
- Quand ? .... • Comment ? ....
- Qui ? .... • Pourquoi ? ....

3 **Identifiez le champ lexical commun aux textes 1, 2 et 3 et relevez les mots qui en font partie.**

Champ lexical de ....

Texte 1 : ....

Texte 2 : ....

Texte 3 : ....

ÉTAPE 3 Identifier le registre du texte

Cherchez quel(s) sentiment(s) l'auteur veut créer chez le lecteur.

↓

Chaque registre littéraire est lié à des sentiments : *comique* → *rire*.

Repérez les caractéristiques de chaque registre.

↓

Un registre est lié à une situation, des thèmes, des procédés de style : *réaliste* → *quotidien* → *argent* → *descriptions précises*.

4 **Reliez chaque texte au sentiment qu'il veut créer chez le lecteur.**

Roméo et Juliette •	• impression de réel → registre réaliste
« L'Adieu » •	• nostalgie et tendresse → registre lyrique
L'Éducation sentimentale •	• crainte et pitié → registre tragique

5 **a. Dans le texte tragique, soulignez en bleu une phrase évoquant le thème de la mort.**

b. Dans le texte lyrique, soulignez en vert les mots des champs lexicaux du temps et du souvenir.

c. Dans le texte réaliste, soulignez en rouge une précision donnant une impression de réel.

ÉTAPE 4 Interpréter le texte

Expliquez quelles sont les intentions de l'auteur.

↓

Cherchez ce que l'auteur dit et ce qu'il veut faire ressentir au lecteur.

Identifiez les procédés d'écriture.

↓

Repérez les figures de style et les symboles dans le texte, puis interrogez-vous sur leur sens.

6 **a. Dans le texte 1, à quoi sert la comparaison finale ?**

....

....

b. Dans le texte 2, quel objet vient symboliser l'amour perdu ?

....

c. Dans le texte 3, comment Mme Arnoux montre-t-elle qu'elle aimera toujours Frédéric ?

....

7 **À vos plumes !** **Réécrivez le texte de Flaubert en scène de théâtre.**

Vous montrerez que Frédéric n'aime plus Mme Arnoux, mais qu'il n'ose pas le lui dire. Vous inventerez de nouvelles répliques pour les deux personnages et vous ajouterez des didascalies.

49 Donner un cadre au récit

ÉTAPE 1 Définir le cadre temporel du récit

Le cadre du récit est tout ce qui entoure l'action par des éléments descriptifs. Ajoutez des détails sur le moment de l'action (époque, jour, heure, saison...) et sur sa durée pour permettre au lecteur d'entrer dans l'histoire.

Vous pouvez être précis ou ne retenir que certains détails.
15 juin à 17 heures / un jour d'été

Vous pouvez préciser le temps qu'il fait afin de créer une atmosphère particulière.
une nuit d'orage

1 Lisez le texte ci-contre et dites quelles précisions vous pourriez ajouter pour donner un cadre temporel au récit.

Frédéric traversa la ville jusqu'au port. Il atteignit le quai d'embarquement. Le bateau qu'il devait prendre était à quai, il y monta.

....

2 Complétez cette phrase avec des précisions temporelles : moment de l'action, temps qu'il fait, durée de l'action.

C'était ...., et, dans le ciel, ..., quand Frédéric traversa la ville. Il lui fallut .... pour atteindre le port.

ÉTAPE 2 Préciser le cadre spatial du récit

Précisez le lieu où se passe l'action et donnez des détails qui permettent de le visualiser.

Donnez quelques indications avec des compléments circonstanciels de lieu et des expansions du nom. ↘ p. 16

Insérez quelques phrases de description en donnant des détails précis, faites appel aux cinq sens et à un vocabulaire varié.

3 a. Ajoutez au début de la phrase un complément circonstanciel de lieu.
b. Ajoutez au GN souligné trois expansions du nom qui préciseront le cadre spatial du récit.

...., Frédéric atteignit <u>le quai d'embarquement</u> ...., ... et ....

4 Complétez les phrases ci-dessous par des expansions du nom, en vous aidant des indications entre parenthèses.

Un .... *(adjectif)* bateau, son bateau, étendait sa coque .... *(adjectif)* sur les eaux .... *(GN prépositionnel)*, au milieu de ce port .... *(GN prépositionnel)*. Frédéric leva les yeux vers ses voiles .... *(proposition subordonnée relative)*.

ÉTAPE 3 Créer une atmosphère

Adaptez votre texte pour faire ressentir au lecteur une impression précise.

- Utilisez des adjectifs adaptés à l'impression que vous voulez créer (*peur, admiration…*).
- Insistez sur les perceptions des personnages.
- Renforcez l'atmosphère par des figures de style.

À vos claviers !

Recherchez une image montrant un paysage que vous aimez. À l'aide d'un logiciel de traitement de texte, écrivez le récit d'une aventure fantastique ayant pour cadre ce paysage.

5 a. Regroupez les adjectifs suivants en trois listes, selon le type d'atmosphère qu'ils permettent de décrire.

éclatant • sombre • brumeux • lumineux • obscur • glacé • pluvieux • radieux • humide

1. ……………………
2. ……………………
3. ……………………

b. Complétez les phrases suivantes en utilisant tous les adjectifs de la liste qui convient.

1. C'était un jour de juillet ……………………
2. C'était un jour de novembre ……………………
3. Angoissé, Ahmed avançait dans un corridor ……………………

6 Complétez chacune de ces phrases avec les mots qui conviennent pour créer la figure de style indiquée entre parenthèses.

ressemble à une caresse • mille et mille • pareilles à des ailes • fleur d'or dans le ciel • une vraie ruche

1. Très doux, l'air marin …………………… (*comparaison*).
2. …………………… (*métaphore*), le soleil brille.
3. …………………… (*comparaison*), les voiles se tendent sous le vent.
4. …………………… (*hyperbole*) passagers se pressent, faisant de ce port …………………… (*métaphore*).

7 Complétez cette phrase en décrivant ce que voit, entend et ressent le personnage. Vous insérerez une hyperbole et une métaphore.

Frédéric monta sur le bateau. Sur le pont du navire, il découvrit ……………………

8 À vos plumes ! Lisez la première phrase de la nouvelle suivante et développez le cadre réaliste de ce début de récit, de manière à faire entrer le lecteur dans l'histoire.

> Maxime Dieuze, célibataire et retraité de La Poste, déjeunait tous les midis au restaurant *Le Marmiton*, en bord de Loire.
>
> Jean-Claude Mourlevat, « L'accord du participe », *Silhouette*, Gallimard, 2013.

50 Décrire un personnage

ÉTAPE 1 Préparer une fiche d'identité du personnage

Identifiez le personnage.

- Donnez-lui un nom, un prénom, un âge, un métier ou un statut.
- • Déterminez un lieu et une époque.
  • Expliquez quelles sont sa famille et ses origines.
- Est-ce un personnage principal ou secondaire ? Héros, adjuvant ou opposant ?

1 Complétez le tableau ci-dessous avec la fiche d'identité de votre personnage.

Nom	Âge, métier/statut	Lieu, époque	Famille et origines	Rôle dans l'histoire
....	....	....	....	....
....	....	....	....	....
....	....	....	....	....

ÉTAPE 2 Préparer le portrait physique du personnage

Caractérisez chacune des parties de son corps pour obtenir une description précise.

- Déterminez l'impression que produit le personnage : *sympathique, inquiétante...*
- Décrivez la forme, la couleur, la taille, etc., des parties de son corps par des expansions du nom. ↘ p. 16
- Variez les expansions du nom et employez des comparaisons.

2 Reliez les adjectifs suivants à ce qu'ils peuvent décrire.

joufflu(e) •	• silhouette
bouclé(e) •	• yeux
crochu(e) •	• peau
svelte •	• figure
mat(e) •	• front
ridé(e) •	• nez
globuleux(-se) •	• chevelure

3 Entourez ou écrivez le ou les impressions que votre personnage fera ressentir au lecteur.

Le lecteur sera : étonné • émerveillé • effrayé • charmé • amusé • autre : ....

4 a. Attribuez des expansions du nom variées aux parties du corps du personnage.

- cheveux : ....
- visage : ....
- yeux : ....
- nez : ....
- bouche : ....
- taille : ....
- mains : ....
- autre (............) : ....

b. Imaginez trois comparaisons pour trois des parties de son corps.

....

....

ÉTAPE 3 Rédiger le portrait physique du personnage

Exprimez votre description dans des phrases verbales, avec un vocabulaire varié.

- Ne répétez pas les mêmes adjectifs.
- Essayez de n'employer *être* et *avoir* qu'une fois.

Vous pouvez employer des verbes de lieu (*se trouver*...) ou des verbes d'action liés aux parties du corps (*sa bouche ronde souriait*).

5 Transformez les phrases suivantes de manière à supprimer les verbes *être* et *avoir*.

Exemple : Elle avait des yeux gris clair. ⇨ *Sous ses sourcils luisaient des yeux gris clair.*

1. Elle avait un regard franc. → ....

2. Il était corpulent. → ....

3. Ses cheveux étaient bouclés. → ....

4. Il avait un air arrogant. → ....

6 En vous aidant de l'exercice 4, rédigez la description physique du personnage. Évitez les verbes *être* et *avoir*.

Sous ses cheveux ....

....

....

....

....

ÉTAPE 4 Rédiger le portrait moral du personnage

Identifiez ses principaux traits moraux.

Quels sont ses défauts, ses qualités, ses forces et ses faiblesses ?

Caractérisez ses gestes et sa manière de s'exprimer.

7 Parmi les mots suivants, entourez les qualités et soulignez les défauts.

lâche • serviable • débrouillard • tricheur • avare • vaniteux • paresseux • habile • soigneux • juste • courageux • sociable • vif • prétentieux • affectueux • hautain • prévenant • cruel

8 Indiquez le nom formé sur les adjectifs suivants. *Exemple : lâche → lâcheté.*

1. ponctuel → ....

2. perspicace → ....

3. habile → ....

4. bienveillant → ....

5. cruel → ....

6. tolérant → ....

9 Remplissez la liste ci-dessous pour caractériser votre personnage.

- Deux de ses qualités : ....
- Deux de ses défauts : ....
- Sa principale force : ....
- Sa principale faiblesse : ....
- Il/Elle parle de manière .... et fait souvent le geste de ....

10 À vos plumes ! Recopiez sur une feuille le portrait physique du personnage et rédigez à la suite son portrait moral.

Vous emploierez des phrases qui contiennent au moins un verbe conjugué et vous éviterez les verbes *être* ou *avoir*. À la fin du travail, vous relirez votre texte pour vérifier que le portrait est cohérent.

51 Rédiger une nouvelle fantastique

ÉTAPE 1 Choisir un narrateur et un point de vue

Un narrateur personnage de l'histoire
↓
- Utilisez la 1re personne (*je*).
- Choisissez le point de vue interne pour rendre votre récit plus inquiétant.

Un narrateur extérieur à l'histoire
↓
- Utilisez la 3e personne (*il*/*elle*).
- Choisissez le point de vue externe pour préserver le mystère.

1 Pour commencer votre nouvelle, décrivez le caractère du narrateur en complétant ce texte.

Autrefois, j'aimais beaucoup .... Je ne ressentais jamais .... Étant une personne très ...., je ne croyais pas non plus ....

ÉTAPE 2 Donner un cadre réaliste au récit

Choisissez un lieu et une époque réalistes pour votre histoire.
↓
Ajoutez des compléments circonstanciels de lieu et de temps.

2 Complétez la suite de la nouvelle en ajoutant des compléments circonstanciels de lieu et de temps.

Voici quelque temps que, chaque soir, l'angoisse me prend à la gorge. Il est tout à fait possible que cela soit lié à ce qui m'est arrivé un soir d'automne, ...

Des amis étaient venus, comme ils le faisaient chaque année au mois de novembre, me rendre visite dans ma demeure, non loin de ...., située ....

ÉTAPE 3 Jouer avec le doute

Favorisez des atmosphères étranges.
↓
- Choisissez une ambiance trouble. *le brouillard, la nuit...*
- Utilisez de nombreux verbes de perception.

Modalisez le récit.
↓
- Employez des phrases interrogatives. ↘ p. 30
- Employez de nombreux adverbes qui marquent l'incertitude. ↘ p. 12 *peut-être, presque, à peine...*

3 À partir des éléments ci-dessous, rédigez des phrases qui créeront une atmosphère étrange. Utilisez des verbes de perception et des adverbes qui marquent l'incertitude.

Ce soir-là, je me sentis mal à l'aise. Pris de vertige, je sortis sur le perron.

Un épais brouillard ....

La lune disparut, ...

....

Le climat devint orageux, ...

....

....

À vos claviers ! Utilisez les exercices précédents pour rédiger votre nouvelle. Vous la partagerez sur l'espace numérique de votre collège.

ÉTAPE 4 Inquiéter

Faites apparaître un événement étrange.

- Exprimez l'inattendu. *soudain, contre toute attente…*
- Employez des champs lexicaux liés au fantastique. ➘ p. 98, p. 108 *la terreur, l'étrange*
- Utilisez des comparaisons pour décrire l'étrange. ➘ p. 78
- Décrivez les perceptions des personnages (vue, ouïe, odorat, toucher, goût).

4 **Modalisez cet énoncé en utilisant un verbe qui marque l'incertitude. Utilisez un adverbe pour exprimer l'inattendu.**

Je vis une créature vêtue de blanc apparaître au loin.

→ ....

5 **Décrivez cette créature en utilisant une comparaison à partir des propositions ci-dessous.**

un spectre • une femme • un animal

....

....

....

6 **a. Classez les adjectifs suivants dans le tableau.**

effrayé • terrifiant • horrible • tétanisé • pétrifié • craintif • inquiétant • effarouché • terrorisé • anxieux

Qui provoque la peur	Qui éprouve la peur
....	....
....	....
....	....

b. Rédigez une phrase pour décrire l'effroi du narrateur.

....

....

ÉTAPE 5 Choisir une fin

Laissez le lecteur dans l'incertitude à la fin du récit.

- Ne proposez pas d'élucidation.
- Laissez la fin ouverte : plusieurs hypothèses doivent rester possibles.

7 **À vos plumes ! Imaginez une fin à ce récit. L'apparition surnaturelle restera inexpliquée. Le narrateur hésitera jusqu'à la fin entre une explication rationnelle et une explication surnaturelle de ce phénomène.**

52 Écrire la suite d'une nouvelle

ÉTAPE 1 Comprendre le début de la nouvelle

Analysez le cadre spatio-temporel du récit et identifiez les personnages.

- Repérez les marques de temps et de lieu. Recherchez l'époque du récit.
- Quels sont les noms et les caractéristiques des personnages ? Quel est le personnage principal ?

1 Dans quel lieu et à quel moment se passe le début de ce récit ?

Voici le début de la nouvelle Le Papa de Simon.

Midi finissait de sonner. La porte de l'école s'ouvrit, et les gamins se précipitèrent en se bousculant pour sortir plus vite.

[...] Ce matin-là, Simon, le fils de la Blanchotte, était venu à la classe pour la première fois.

Guy de Maupassant, *Le Papa de Simon*, 1879.

....

2 Lisez la suite du texte et complétez le tableau pour préciser l'identité du personnage principal.

[...] Ils s'étaient répété l'un à l'autre cette parole dite par un gars de quatorze ou quinze ans qui paraissait en savoir long tant il clignait finement des yeux :

« Vous savez... Simon... eh bien, il n'a pas de papa. »

Le fils de la Blanchotte parut à son tour sur le seuil de l'école.

Il avait sept ou huit ans. Il était un peu pâlot, très propre, avec l'air timide, presque gauche.

Guy de Maupassant, *Le Papa de Simon*, 1879.

Prénom du personnage	....
Situation sociale et familiale	....
Catégorie sociale	....
Âge et apparence physique	....
Personnalité, comportement	....

ÉTAPE 2 Prendre en compte les choix de l'auteur

Identifiez le mode de narration.

- Quels sont les temps utilisés ? Le point de vue est-il interne, externe, omniscient ?

Repérez le registre littéraire du texte.

- S'agit-il d'un récit fantastique, réaliste, lyrique ?

3 Complétez la phrase ci-dessous pour analyser les choix de l'auteur dans les extraits précédents.

La nouvelle *Le Papa de Simon* est écrite à la ...., aux temps .... L'histoire est racontée d'un point de vue ....

Le registre littéraire de ce texte est ....

ÉTAPE 3 Identifier l'élément perturbateur et inventer des péripéties

Un récit contient un élément perturbateur qui lance l'action.	L'élément perturbateur est suivi de péripéties.
↓	↓
Prenez en compte l'élément perturbateur du texte. Inventez-en un s'il n'en contient pas.	Imaginez plusieurs événements qui vont arriver au héros avant la fin de la nouvelle.

4 Lisez la suite de la nouvelle et répondez aux questions.

Le gars de quatorze ans exige de connaître le nom de Simon, qui ne lui donne que son prénom.
Le gars lui cria : « On s'appelle Simon quelque chose... c'est pas un nom ça... Simon. »
Et lui, prêt à pleurer, répondit pour la troisième fois : « Je m'appelle Simon. »
Les galopins se mirent à rire. Le gars triomphant éleva la voix : « Vous voyez bien qu'il n'a pas de papa. »
[...] Enfin, livide, il leur cria à tout hasard : « Si, j'en ai un. »

Guy de Maupassant, *Le Papa de Simon*, 1879.

a. Soulignez la phrase marquant l'arrivée d'un élément perturbateur.

b. Que peut se demander le lecteur après la lecture de ce passage ?

....

5 Imaginez deux péripéties qui suivront ce dialogue. Résumez-les en une phrase chacune.

Péripétie 1 : ....

Péripétie 2 : ....

ÉTAPE 4 Inventer l'élément de résolution et la chute

L'élément de résolution permet au personnage de résoudre la situation.	Les nouvelles se terminent souvent par une chute, une fin brève et surprenante.
↓	↓
Imaginez comment le personnage peut surmonter l'épreuve définitivement.	Trouvez une fin surprenante. Vous pouvez l'annoncer au fil du récit par de petits indices.

6 a. Imaginez comment Simon peut résoudre le problème évoqué dans l'exercice 4.

....

b. Quelle fin surprenante peut-on imaginer pour *Le Papa de Simon* ?

....

ÉTAPE 5 Rédiger son texte et le relire

Écrivez un texte agréable à lire.	Écrivez un texte cohérent.
↓	↓
Faites plusieurs paragraphes. Alternez passages narratifs, descriptifs et dialogues.	Relisez l'ensemble de la nouvelle. Demandez-vous si des indices permettent au lecteur de deviner la chute.

7 À vos plumes ! En vous aidant des exercices précédents, rédigez une suite et une fin pour la nouvelle *Le Papa de Simon*. Veillez à ce que le texte reste cohérent.

53 Rédiger un dialogue argumentatif

ÉTAPE 1 Définir les thèses qui s'opposent

Dans un dialogue argumentatif, deux personnages soutiennent chacun une thèse opposée.
↓
Une thèse est un avis qu'on veut démontrer.

Cette thèse peut être exprimée clairement ou sous-entendue.
↓
On dit qu'elle est explicite ou implicite.

1 Lisez ce texte et répondez aux questions.

a. Repérez la thèse soutenue par Béralde.

....

b. Repérez la thèse soutenue par Argan. Est-elle formulée explicitement ?

....

....

ARGAN. – Vous ne croyez donc point à la médecine ?

BÉRALDE. – Non, mon frère [...].

ARGAN. – Quoi ! vous ne tenez pas véritable une chose établie par tout le monde et que tous les siècles ont révérée ?

BÉRALDE. – Bien loin de la tenir véritable, je la trouve, entre nous, une des plus grandes folies qui soient parmi les hommes.

Molière, *Le Malade imaginaire*, 1673.

2 Préparez votre dialogue : définissez les thèses opposées que ces personnages vont défendre.

- Personnage 1 : Enzo → Thèse 1 : ....
- Personnage 2 : Rafik → Thèse 2 : ....

ÉTAPE 2 Choisir ses arguments et ses procédés argumentatifs

Utilisez des arguments et des exemples.
↓
Liez arguments et exemples par des connecteurs logiques. ↘ p. 76

Recourez à des procédés argumentatifs.
↓
Faites appel à la raison (*déduction, comparaison...*) ou à l'émotion (*peur, rire, colère...*).

3 Continuez la préparation du dialogue entamé dans l'exercice 2 en complétant ce tableau.

	Arguments	Exemples
Thèse d'Enzo	....	....
	....	....
	....	....
Thèse de Rafik	....	....
	....	....
	....	....

4 **Complétez ce dialogue argumentatif avec les connecteurs logiques qui conviennent.**

« Le sport permet de réduire les maladies cardiaques, ... tout le monde devrait en faire.
– Le sport est bon pour la santé, ... il peut aussi être dangereux. ...., les accidents sont courants : .... la pratique de la course peut abîmer les articulations. »

ÉTAPE 3 Respecter la forme du dialogue

Un dialogue intégré dans un récit	Un dialogue de théâtre
↓	↓
Les paroles des personnages sont placées entre guillemets et introduites par des verbes de parole.	Les paroles des personnages sont précédées de leur nom, sans guillemets ni verbe de parole.

5 **Complétez les phrases ci-dessous afin d'amorcer le dialogue entre les deux personnages.**

Le professeur avait lancé le sujet du débat. Enzo et Rafik, qui se faisaient face, ...
.... « Selon moi, ... Enzo, ...
....
....
– ...., ... Rafik, ... »

ÉTAPE 4 Rendre le dialogue expressif

Le dialogue reproduit le langage oral.

- Utilisez des phrases exclamatives et interrogatives. ↘ p. 30
- Variez les registres de langue. ↘ p. 68
- Variez les verbes de parole, dans un récit. ↘ p. 74
- Travaillez les didascalies indiquant les intonations, dans un texte de théâtre.

6 **Poursuivez l'échange : l'un des interlocuteurs sera très expressif, l'autre mesuré.**

Enzo poursuivit : « Je ....
....
....
....
....
....

ÉTAPE 5 Conclure le dialogue

Il existe plusieurs possibilités pour conclure le dialogue.

- Chacun reste sur ses positions.
- Un personnage convainc son interlocuteur.
- Les deux personnages arrivent à un compromis.

7 **À vos plumes !** **Poursuivez et concluez le dialogue argumentatif commencé ci-dessus.**

54 Améliorer son brouillon

ÉTAPE 1 Vérifier la ponctuation

Structurez vos phrases avec la ponctuation.

Commencez les phrases par des majuscules et terminez-les par un signe de ponctuation fort (. ? !).

Utilisez la ponctuation faible pour marquer des pauses et énumérer (,) ou pour introduire une explication (:).

1 **Réécrivez ce texte en quatre phrases correctement ponctuées. La dernière phrase contiendra une énumération.**

Qu'est-ce que vous voulez que je vous dise c'était une période de fête comme toutes les périodes de fête rien d'exceptionnel dans le magasin les clients pressés les gens qui hésitent ceux qui savent ce qu'ils veulent les amoureux qui ont envie de faire plaisir les vieux couples complices la queue pour les paquets-cadeaux enfin l'ordinaire de ces jours-là

D'après Jean-Noël Blanc, « Avec tous nos vœux de bonheur », *Tailles douces*, Thierry Magnier, 2010.

....

....

....

....

ÉTAPE 2 Structurer son texte

Créez des paragraphes et liez les idées entre elles.

Regroupez une unité de sens dans un paragraphe, en revenant à la ligne et en laissant un blanc en début de ligne (alinéa).

Utilisez des connecteurs temporels (*ensuite, aussitôt*...) et logiques (*or, pourtant*...) pour structurer le texte. ➘ p. 76

2 **a. Dans ce texte, soulignez les connecteurs temporels et entourez un connecteur logique.**

Or, j'eus un soir l'explication de la surprenante maladie de son âme. .... Il venait passer de temps en temps quelques jours chez moi, à la campagne, et ce soir-là il me paraissait particulièrement agité ! .... Un orage montait dans le ciel, étouffant et noir, après une journée d'atroce chaleur. .... Aucun souffle d'air ne remuait les feuilles.

Guy de Maupassant, *Un fou ?*, 1884.

b. Formez des paragraphes en insérant les signes // là où vous souhaitez revenir à la ligne.

ÉTAPE 3 Respecter les accords

Vérifiez les accords dans le groupe nominal.

Identifiez le genre et nombre des noms et accordez les adjectifs qui s'y rapportent. ➘ p. 82

Vérifiez les accords dans le groupe verbal.

Vérifiez l'accord de chaque verbe et des participes passés. ➘ p. 84, p. 86

3 **Dans le texte ci-dessous, entourez les mots correctement accordés.**

C'était la fille d'un percepteur de province, *mort/morts* depuis plusieurs années. Elle était *venu/venue* ensuite à Paris avec sa mère, qui *fréquentait/fréquentaient* quelques familles *bourgeoise/bourgeoises* de son quartier dans l'espoir de marier la jeune personne. Elles *était/étaient pauvre/pauvres* et *honorable/honorables, tranquille/tranquilles* et *douce/douces.*

Guy de Maupassant, *Les Bijoux*, 1883.

ÉTAPE 4 Vérifier l'emploi des temps

Le récit est au passé.
↓
Employez le passé simple (premier plan), l'imparfait (arrière-plan), le plus-que-parfait (antériorité), le conditionnel (postériorité). ↘ p. 58

Le récit est au présent.
↓
Employez le présent, le passé composé et l'imparfait (antériorité), le futur (postériorité).

4 **Ce texte aurait dû être rédigé au passé, mais son auteur s'est trompé. Entourez les erreurs de temps, puis corrigez-les.**

Une nuit de septembre, alors qu'il rentrait .... chez lui, Henri s'aperçut qu'il a perdu .... son portefeuille en route. Il revient .... sur ses pas pour le retrouver, tandis que ses yeux scrutent .... attentivement la chaussée sombre. Il s'est décidé .... à abandonner ses recherches quand, soudain, il le vit ...., intact, à ses pieds.

ÉTAPE 5 Enrichir son texte avec un vocabulaire varié

Corrigez les répétitions.
↓
Utilisez des synonymes, des mots génériques, des périphrases, des reprises pronominales.

Évitez les verbes *être*, *avoir*, *il y a*.
↓
Utilisez des termes précis, des verbes d'état (*apparaître, devenir, se montrer...*), des verbes de mouvement et de perception.

5 **Réécrivez ce texte en évitant les répétitions et les verbes *être*, *avoir* et *il y a*.**

La rencontre eut lieu un samedi. C'était un samedi de printemps. Il y avait partout une végétation resplendissante. Il y avait les cerisiers qui étaient en fleurs. Les branches étaient couvertes de fleurs blanches et roses. C'était un enchantement pour les yeux. Fabrice n'imaginait pas, en sortant de chez lui, ce matin-là, qu'il allait rencontrer la femme de sa vie.

....

....

....

....

....

6 **À vos plumes !** **Rédigez au brouillon le récit d'une rencontre amoureuse.**
Une fois votre texte achevé, relisez-vous et révisez votre brouillon en utilisant toutes les étapes de cette fiche.

55 Rédiger un article de presse

ÉTAPE 1 Définir le sujet de l'article

Rassemblez les informations essentielles.

Répondez aux six questions de référence : quand ? où ? qui ? quoi ? pourquoi ? comment ?

Choisissez un angle pour les traiter.

Définissez l'aspect sur lequel vous insisterez dans votre article.

Dimanche soir, Djibril A., résidant à Annemasse (Haute-Savoie), a vu un voleur s'emparer de sa voiture. Il s'est jeté sur le toit de la voiture et s'y est accroché pendant sept minutes, sur 6 km, alors que la voiture faisait des pointes à 120 km/h. Il a composé d'une seule main le numéro de la police. Djibril A. a réussi à sauter de la voiture, sans blessures graves. La police a pris en chasse la voiture et appréhendé le voleur.

Dépêche du lundi 8 février 2021.

1 Lisez le fait divers rapporté dans la dépêche ci-dessus et complétez le tableau suivant.

Quand ?	....
Où ?	....
Qui ?	....
Quoi ?	....
Pourquoi ?	....
Comment ?	....

2 Rayez les propositions qui ne correspondent pas à ce fait divers, puis, parmi celles qui restent, soulignez-en deux que vous trouvez, personnellement, les plus marquantes.

un vol de voiture banal • un fait insolite • une victime paralysée par la peur • une aventure qui aurait pu mal finir • la force physique du jeune homme • un acte de vengeance

ÉTAPE 2 Enrichir son sujet

Cherchez des éléments pour développer votre article.

Cherchez des compléments d'information.

Imaginez une interview des protagonistes.

3 Énumérez les compléments d'information possibles, puis soulignez ceux que vous voulez développer dans votre article.

....

....

4 Vous interviewez le jeune homme : imaginez sa réponse à cette question.

Le journaliste : Qu'avez-vous ressenti quand vous avez vu votre voiture démarrer ?

Djibril A. : ....

....

ÉTAPE 3 Organiser le texte

Adoptez un plan efficace en répartissant les informations de manière logique.

- **1er paragraphe : accrocher.** Donnez l'information essentielle, et précisez le lieu et la date.
- **2e paragraphe : détailler.** Donnez des détails sur les faits et insérez des témoignages.
- **3e paragraphe : conclure.** Insistez sur un aspect important. Modalisez-le avec des marques de jugement.

5 **Après chacune de ces informations, indiquez le numéro du paragraphe où elle doit figurer, comme dans l'exemple.** Exemple : *Djibril A., habitant d'Annemasse (1).*

1. Il saute sur le toit de la voiture en marche (.....). **2.** Il n'a pas de blessures (.....). **3.** Il compose d'une main le numéro de la police (.....). **4.** Nous avons interviewé Djibril (.....). **5.** Il assiste au vol de sa voiture (.....).

6 **Pour votre troisième paragraphe, inventez deux phrases soulignant les aspects marquants relevés à l'exercice 2.**

....

....

ÉTAPE 4 Donner envie de lire l'article

Adoptez un style accrocheur et vivant.

- Commencez votre article par une phrase d'accroche, qui pique la curiosité du lecteur.
- Rédigez des phrases courtes au présent de l'indicatif et mettez-les en valeur en utilisant des présentatifs (*Voilà que…, C'est… que…*).

7 **Complétez la phrase d'accroche suivante de manière à captiver le lecteur.**

Quand Djibril A. sort de sa maison, ce dimanche, il ....

....

8 **Écrivez le premier paragraphe de votre article avec un style accrocheur, en utilisant des phrases courtes mises en relief par des présentatifs.**

....

....

....

ÉTAPE 5 Structurer l'article

Mettez en forme l'article.

- Rédigez une phrase qui servira de « chapeau ».
- Placez des intertitres entre les paragraphes sous forme de phrases nominales.
- Rédigez un titre adapté au style de votre journal : neutre ou accrocheur.

9 **Rédigez le chapeau de l'article relatant le fait divers proposé, en une seule phrase.**

....

....

10 **À vos plumes !** **En vous aidant des exercices précédents, rédigez intégralement un article de presse à partir de la dépêche p. 126. Vous lui donnerez un titre accrocheur.**

Tableaux de conjugaison

Regarder	
Indicatif	
Présent je regarde ils, elles regardent	**Passé composé** j'ai regardé ils, elles ont regardé
Imparfait je regardais ils, elles regardaient	**Plus-que-parfait** j'avais regardé ils, elles avaient regardé
Passé simple je regardai ils, elles regardèrent	**Passé antérieur** j'eus regardé ils, elles eurent regardé
Futur simple je regarderai ils, elles regarderont	**Futur antérieur** j'aurai regardé ils, elles auront regardé
Conditionnel présent je regarderais ils, elles regarderaient	**Conditionnel passé** j'aurais regardé ils, elles auraient regardé
Subjonctif	
Présent que je regarde qu'ils, elles regardent	**Passé** que j'aie regardé qu'ils, elles aient regardé
Impératif	
Présent regarde regardons regardez	
Infinitif	
Présent regarder	**Passé** avoir regardé
Participe	
Présent regardant	**Passé** regardé, ayant regardé
Gérondif	
Présent en regardant	

Finir	
Indicatif	
Présent je finis ils, elles finissent	**Passé composé** j'ai fini ils, elles ont fini
Imparfait je finissais ils, elles finissaient	**Plus-que-parfait** j'avais fini ils, elles avaient fini
Passé simple je finis ils, elles finirent	**Passé antérieur** j'eus fini ils, elles eurent fini
Futur simple je finirai ils, elles finiront	**Futur antérieur** j'aurai fini ils, elles auront fini
Conditionnel présent je finirais ils, elles finiraient	**Conditionnel passé** j'aurais fini ils, elles auraient fini
Subjonctif	
Présent que je finisse qu'ils, elles finissent	**Passé** que j'aie fini qu'ils, elles aient fini
Impératif	
Présent finis finissons finissez	
Infinitif	
Présent finir	**Passé** avoir fini
Participe	
Présent finissant	**Passé** fini, ayant fini
Gérondif	
Présent en finissant	

Dire	
Indicatif	
Présent je dis ils, elles disent	**Passé composé** j'ai dit ils, elles ont dit
Imparfait je disais ils, elles disaient	**Plus-que-parfait** j'avais dit ils, elles avaient dit
Passé simple je dis ils, elles dirent	**Passé antérieur** j'eus dit ils, elles eurent dit
Futur simple je dirai ils, elles diront	**Futur antérieur** j'aurai dit ils, elles auront dit
Conditionnel passé je dirais ils, elles diraient	**Conditionnel passé** j'aurais dit ils, elles auraient dit
Subjonctif	
Présent que je dise qu'ils, elles disent	**Passé** que j'aie dit qu'ils, elles aient dit
Impératif	
Présent dis disons dites	
Infinitif	
Présent dire	**Passé** avoir dit
Participe	
Présent disant	**Passé** dit, ayant dit
Gérondif	
Présent en disant	

Édition : Josiane Attucci-Jan • **Conception graphique :** Studio Humensis • **Mise en page :** Marina Smid • **Prépresse :** Arthur Caillard • **Fabrication :** Marianne Sigogne et Sandrine Sgarzi-Pavy • **Illustration de couverture :** Anne-Lise Nalin